AF282024

EL CRUJIDO DE LA TIERRA
Elena Bolaños Arroyo

ABRÁZAME HASTA QUE TERMINE LA
CANCIÓN DEL TETRIS
Nani Muñoz

LOS INFLAMABLES
Ruth Rubio

SIMIENTE
CONFERENCIA DOCUMENTAL ESCÉNICA
Verónica Rodríguez

COLECCIÓN TEXTOS DRAMÁTICOS Nº 30

COORDINACIÓN DE LA EDICIÓN:
Agencia Andaluza de Instituciones Culturales
Centro de Investigación y Recursos de las Artes Escénicas de Andalucía
EDITA: Consejería de Turismo, Cultura y Deporte. Junta de Andalucía
©DE LA EDICIÓN: Consejería de Turismo, Cultura y Deporte. Junta de Andalucía
©DE LOS TEXTOS: Elena Bolaños Arroyo, Nani Muñoz, Ruth Rubio y Verónica Rodríguez
©DEL PRÓLOGO: Ana López Segovia
DISEÑO, MAQUETACIÓN E IMPRESIÓN: Grupo Diacash.
DEPÓSITO LEGAL: SE 703-2024
ISBN: 978-84-9959-485-9

PRÓLOGO

Prologar este libro, que recoge el trabajo de cuatro mujeres dramaturgas contemporáneas, es una inmensa alegría para mí. No solo por la admiración que siento hacia el trabajo de estas compañeras, Elena, Nani, Ruth y Verónica, sino también porque me hace formar parte, de alguna manera, de este momento especialísimo de visibilización del trabajo teatral de las mujeres que estamos viviendo en la actualidad.

Como bien se apunta en una de las obras incluidas en este libro, el papel tradicional de la mujer en el arte ha sido fundamentalmente el de objeto estético. Pero afortunadamente, en los últimos tiempos estamos asistiendo, por fin, a una verdadera puesta en valor de las mujeres creadoras de la escena: dramaturgas, directoras, escenógrafas, productoras, y actrices creadoras, cómo no. Que siempre han existido, pero a las que nunca se ha dado el sitio que merecen. Todavía quedan muchos techos de cristal que pulverizar, pero ahora vemos cada vez más carteleras con nombres femeninos en los lugares que antes estaban monopolizados por los hombres. Y lo que es más importante, el público está abandonando los prejuicios que lo llevaban a elegir un espectáculo dirigido o escrito por un hombre antes que por una mujer.

Estamos ganando poco a poco esta batalla contra el machismo estructural de la sociedad, es un hecho. Pero hay otra batalla interna y silenciosa que se libra de una manera más sutil dentro de nosotras, de la que muchas veces no somos ni conscientes.

Durante siglos las mujeres hemos sufrido el estigma de ser intelectualmente inferiores a los hombres. Y ese estigma ha calado hondo en nosotras, nos ha mermado la autoestima y nos ha generado un complejo de inferioridad con respecto a ellos. La teoría nos la sabemos, las mujeres de nuestra generación hemos crecido ya con la idea de la igualdad de sexos en nuestra cabeza. Pero la convicción íntima, ay, eso es otra cosa. Al menos en mi caso, siempre ha habido una frase martilleando mi mente de manera subconsciente cada vez que emprendía un trabajo creativo, intelectual, fuera de los roles que tradicionalmente se nos han asignado a las mujeres: "Un hombre lo haría mejor que yo". Esa frase te ronda, te persigue, te condiciona en todos tus trabajos. Sigues escribiendo, porque la pasión creadora es más poderosa que el prejuicio. Hasta que un día esa frase suena más fuerte de lo normal, tomas conciencia de ella: "un hombre lo haría mejor que yo", y ahí te revuelves y dices: "Pues claro que no. Yo sé. Yo puedo. Tanto o más". En mi caso, comprender y aceptar esta merma de la autoestima que traemos de serie ha sido el aprendizaje más valioso de mi vida profesional.

Por eso da tanta alegría ver a estas autoras jóvenes llenas de arrojo, curtidas en el teatro y conocedoras de la profesión y del arte, con sus propias compañías, creando sus propios espectáculos, escribiendo sus textos, sin prejuicios, libres y valientes. Textos brillantes que se programan en espacios importantes con gran acogida de público y crítica, y en los que se reflejan todas las inquietudes que mueven al ser humano de todas las épocas.

En *El crujido de la Tierra*, Elena Bolaños, nos transmite la preocupación por la destrucción del entorno y el abandono de los espacios rurales. Con una construcción dramática llena de ritmo, con saltos en el tiempo atrás y adelante, la autora nos introduce en una trama oscura que se desarrolla en un antiguo pueblo minero que sufrió un desastre medioambiental. Denuncia social y ecologista hábilmente entrelazada con un hermoso aliento poético

Nani Muñoz, autora de éxito con su *Con capas y a lo bollo*, se adentra en *Abrázame hasta que termine la canción del tetris* en una función conceptual, existencial, con tintes distópicos y sociales. Hay una mirada histórica crítica, un duro análisis de la realidad que nos rodea, y unos corazones que se enfrentan llenos de incertidumbre a un futuro desasosegante y oscuro.

Ruth Rubio aborda en *Los Inflamables* el destino de la raza humana, con amargas dosis de ironía y humor, contándonos la historia apocalíptica de una secta que proclama la extinción como única solución, mezclada con la tragedia del emigrante, con todo su desarraigo y deshumanización. Lo grotesco y lo poético se dan la mano y nos mantienen en vilo hasta un final que nos deja llenos de preguntas, entre la risa y la desazón.

Por último, Verónica Rodríguez nos presenta lo que ella llama una *Conferencia documental escénica* , un texto con una narrativa no convencional cercana a lo performático, llena de imágenes y sonidos sugerentes e impregnada de drama y humor. Mostrándonos "el itinerario histórico, social y legislativo que hemos vivido en cuanto a igualdad y violencia de género en nuestro país desde la proclamación de la Constitución de 1978 hasta nuestros días", *Simiente* nos planta frente a esta realidad terrible desgranando con gran teatralidad datos y hechos reales, verdades crudas que nos llenan de dolor e impotencia.

Leyendo a estas autoras, una no puede dejar de pensar en el momento histórico que estamos viviendo, y lo maravilloso que es poder verlo, y leerlo. Queda mucha lucha, pero ahora nuestras posiciones son infinitamente mejores. Nuestras cabezas están llenas de luz, preparadas. Hay valentía, poderío y confianza. Como decía la gran Chavela Vargas: "Yo no vengo a ver si puedo, sino porque puedo, vengo".

ANA LÓPEZ SEGOVIA.

EL CRUJIDO DE LA TIERRA

Elena Bolaños Arroyo

PERSONAJES

ÁNGELA. Mujer de 40 años
ÁNGELA JOVEN. Mujer de 20 años
EMILIO. Padre de Ángela. Hombre de 60 años
ALBERTO. Joven del pueblo, 25 años
PACO. Primo de Ángela, 23 años
PEDRO. Trabajador de la empresa minera en área de RRHH es el enlace entre la empresa y sus trabajadores. Hombre de 50 años.
MICHEL. Joven Belga de 26 años
JONH. Sobrino de Michel, (puede representarlo el mismo actor que hace de Michel).
NIÑA. Entre 7 y 9 años.

El espacio escénico representa un quiosco-bar hecho de maderas y chapa. Es un chiringuito viejo, al borde de un río. La persiana del chiringuito está abierta y dentro podremos ver un reloj-calendario de página y una radio vieja pero que funciona. En el fondo hay un molino de viento algo oxidado, cuando gira suena un molesto chirrido. Al otro lado, hay una loma. Desde lo alto puede verse el valle y el quiosco, la luz va iluminando más intensamente el reloj-calendario del interior del quiosco-bar, el tictac del reloj de página comienza a sonar, el sonido viene como de lejos como si fuera un recuerdo que viene aproximándose. Hay una pausa, la página del reloj cambia, cambiando el día del calendario, sonido de campanadas de media noche de fondo, comienza un zumbido profundo, como si viniera de dentro de la tierra. Entra en escena ÁNGELA, mujer de cuarenta años. Estamos en el año 2018.

ESCENA 1ª

ÁNGELA ¿Cada vez que se acerca este día en el calendario estamos condenados a revivir lo que ocurrió. *(Terminan las campanadas pero continua el zumbido y se hace progresivamente más fuerte).* Dicen que el crujido fue tan fuerte que se agrietaron alguna de las casas más antiguas. Como si aquel hecho que ocurrió quisiera borrar la historia de nuestra aldea, hacernos desaparecer. Yo no estaba aquí cuando ocurrió. Llegué la mañana siguiente y desde aquí arriba, desde lo alto de esta loma, vi un paisaje que me hizo frenar en seco. *(El zumbido ha llegado a ser muy perturbable se para en seco con esa palabra del texto quedándose latente un silencio frio. Después de una pausa el personaje continua).* El valle parecía bañado por un manto de plata, era como un espejo, se reflejaba el cielo, como si no hubiera tierra, ni río, solo horizonte. Era una imagen enormemente bella. Bajé corriendo para poder ver aquel espectáculo más de cerca. Pero cuanto más corría y más me acercaba, mi sonrisa se desdibujaba, no era un manto de plata lo que cubría mi valle. Era un manto negro, espeso, viscoso. Toda aquella belleza desapareció. Aún no puedo olvidar aquella imagen. ¿Cómo era posible que desde arriba fuera la imagen más bella que jamás había visto? ¿Cómo era posible que tanta belleza encerrara tanta crueldad? Aquel hecho cambió nuestra historia, aquel día crujió la tierra y nuestro mundo se nos vino encima.

Suenan voces de gente dando indicaciones, hombres y mujeres vestidos con monos grises y pañuelos en la cara también tiene gafas transparentes por los vapores. Están recogiendo con palas, restos del vertido, entra ÁNGELA JOVEN corriendo, pasando por delante de ÁNGELA ADULTA, estamos en 1998.

ESCENA 2ª

EMILIO. (*Gritando*). Detrás de la casetilla hay más palas, y bolsas grandes para echar toda esta mierda.

HOMBRE 1. Vale, Emilio.

ÁNGELA JOVEN. Papá. (*Abraza a su padre*).

ÁNGELA ADULTA. Papá. (*Muy emocionada*).

EMILIO. ¡Ángela!... (*A los que están recogiendo el lodo*). Usad dos bolsas para que sea más resistente.

HOMBRE 2. ¡Sí, descuida!.

EMILIO. (*A su hija*). ¿Qué haces aquí?.

ÁNGELA. Venía a pasar el fin de semana.

Entran más hombres para echar una mano.

EMILIO. Si no tenéis ropa, coged un mono mío de trabajar en la mina, y cubríos bien la cara, no respiréis esta mierda o vuestros pulmones se quedarán como una pasa. (*A su hija*). Tienes que irte Ángela, no puedes estar aquí.

ALBERTO. ¡Joder como está esto! (*A ÁNGELA*). ¿Qué haces aquí?

ÁNGELA. ¿Qué ha pasado?

EMILIO. Es un desastre, un puto desastre. ¡Fue horrible! Menos mal que no estabas aquí.

ALBERTO. Las mujeres no han querido volver a entrar en sus casas, llevan sentadas en la plaza desde anoche. La casa de Francisca tiene grietas así de grandes, (*hace el gesto*) la mujer no quiere entrar en su casa, normal.

ÁNGELA. ¿Pero qué ha pasado?

EMILIO. Hubo una explosión y ha reventado.

ÁNGELA. ¿Reventado el qué?

ALBERTO. La presa de la mina, todo esto son residuos tóxicos, Ángela, no deberías estar aquí.

HOMBRE 1. (*Gritando*). ¡Aquí necesitamos más ayuda!

ALBERTO. ¡Ya vamos!

EMILIO. Ve al pueblo, y trae café y algo para comer.

ÁNGELA JOVEN *sale de escena,* ÁNGELA ADULTA *ha estado viendo toda la escena.*

EMILIO. Ya lo que nos faltaba en este pueblo, ¡joder! Vamos a ver cómo salimos de esta. Esto es un desastre. ¿Estás listo ya?

ALBERTO. Sí, te he cogido un mono.

EMILIO. ¡Sí, claro hombre! Ponte bien el pañuelo y no respires esos gases o se te quemarán los pulmones.

Salen de escena con palas y bolsas al mismo tiempo. El ruido de ajetreo se fusiona con un pitido metálico. Es un sonido mágico como de una realidad mágica. Una NIÑA, *vestida con un camisón blanco entra en escena rodeada de una luz blanca intensa.*

ESCENA 3ª

NIÑA. La tierra árida donde nada germina
Se convierte en tierras yermas.
Áridas de sueños y futuro
donde no crece la vida.

ÁNGELA ADULTA, *que ha sido testigo de su recuerdo, se queda como congelada agarrando la reja del quiosco-bar cuando la escena mágica termina, ella cierra la persiana con fuerza y al mismo tiempo se hace de noche.*

ESCENA 4ª

Estamos en 2018.

ÁNGELA ADULTA. *(Murmullando)*. Cada vez dejan esto peor. Pero ya es la última vez.

La NIÑA *se sienta y comienza a colorear.* ÁNGELA *adulta será el único personaje que parece ver a la* NIÑA *que deambulará por toda la obra. Entra en escena* JOHN.

JOHN. Perdone ¿es este el chiringuito Paraíso?
ÁNGELA. Sí.

ÁNGELA *mira a* JOHN. *Se hace un enorme silencio. Después de una larga pausa corre hacia él y lo abraza. La* NIÑA *también corre hacia* ÁNGELA, *la abraza.*

ÁNGELA. *(Muy emocionada)*. ¡¡¡Mich!!! ¡Has vuelto!. Pero estás igual. ¿Cómo es posible?.
JOHN. Lo siento señora, yo no soy Mich.

ÁNGELA *deshace el abrazo. La* NIÑA *comienza a dar una vuelta alrededor de él.*

ÁNGELA. ¿Cómo?
JOHN. Me llamo John.
ÁNGELA. Lo siento. Lo siento mucho. Te he confundido con alguien que hace mucho tiempo que no veo, te pareces tanto... Perdona. ¿Qué querías? Estamos cerrando, pero mañana sobre las 12:00 vuelvo a abrir.
JOHN. Mich es mi tío.

La NIÑA *mira a* ÁNGELA *y vuelve a sus dibujos.*

ÁNGELA. ¿Cómo?
JOHN. Mich, es el hermano de mi madre.
ÁNGELA. Entonces no estoy tan loca. Te pareces muchísimo a él. Siéntate por favor. ¿Quieres una cerveza mientras cierro?

JOHN. Sí, gracias.

ÁNGELA. En seguida.

JONH. Es un bar muy bonito.

ÁNGELA. Eres muy amable, pero... bonito era antes. Cuando tenía grandes árboles toda esta zona y daban sombra en verano. En verano esto se llenaba de gente y por la tarde cuando el viento soplaba y movía las ramas, parecía como si se oyera la olas mar. Se escuchaban niños riendo y jugando, bonito era cuando nos podíamos bañar en el río. Ahora ya no es bonito, pero bueno, me alegra que te guste mi Paraíso. Y ¿Qué haces por aquí? ¿Cómo está tu tío?

JOHN. No, lo sé.

ÁNGELA. ¿Qué?

JOHN. Esperaba que tú me dijeras algo sobre él.

ÁNGELA. ¿Yo? Hace quince años que no le veo.

JOHN. Igual que nosotros.

ÁNGELA. ¿Cómo?

JOHN. Hace quince años que no lo vemos, no ha vuelto por nuestra casa o por lo menos nadie de la familia ha sabido de él en todo este tiempo.

Un sonido de guitarra eléctrica rompe la conversación. ÁNGELA, *sin apartar la vista de* JOHN, *se sienta en una silla junto a él. En ese momento, la escenografía comienza a girar, el molino de aire en el fondo gira y su chirrido metálico se inserta en el sonido ambiente. Una luz detrás de las aspas dibuja en el suelo del escenario el movimiento del molino. Sigue girando la escenografía. Al otro lado hay otro quiosco exactamente igual.*

ESCENA 5ª

Dentro del bar están EMILIO, ALBERTO *y* PACO. *El reloj-calendario de pared marca la misma fecha, 26 de Abril, pero estamos en el año 2003.*

VOZ EN LA RADIO. Hoy hace exactamente 5 años de la explosión de la presa de la Mina de la Monja. Hoy hace 5 años que el vertido tóxico descendió por todo el valle del río Paraíso. El desastre medioambiental más catastrófico de nuestro país. Y hoy precisamente cuando se celebran cinco años de esta catástrofe, se inicia el juicio contra la empresa Bolgarium-Minas que mantenía el permiso de explotación. Varias causas son las que están abiertas contra esta empresa europea que cerró la actividad en dicha mina en 2001, dejando a 400 personas sin empleo.

PEDRO. A la cárcel tendrían que ir, los muy sinvergüenzas.

ALBERTO. Tranquilo Pedro, que seguro que no se irán de rositas.

PACO. Estos nos tienen que pagar lo que nos deben. Está claro.

ÁNGELA JOVEN. ¿Os podéis callar un poco que me gustaría enterarme?

PEDRO. Si es que me quema la sangre con todo esto Ángela, ¿Cómo me voy a callar? *(Comienza a toser)*.

ÁNGELA. Pues como no te tranquilices, la apago. ¿Eh?

PEDRO *sigue tosiendo.*

ÁNGELA. ¿Ves cómo te pones? A mi padre le pasaba igual y no puedo...

ALBERTO. Tienes razón. Ya nos callamos, tranquila.

MICH *entra en escena.* ALBERTO *hace un gesto de desagrado cuando lo ve.*

PACO. Ahí viene tu guiri.

ÁNGELA. *(Golpea a su primo con el trapo de limpiar las mesas).* No se llama guiri se llama Mich, de Michel, Miguel en español. No es difícil su nombre, ¡vamos digo yo!

PACO. Miguelito, vente para acá, con nosotros. ¿Qué haces aquí con el calor que hace? ¿No te pondrás a recoger tus muestras con la calufa que hace, no? ¡Que te va a dar algo criatura! ¡Anda! vente aquí a la sombrita y tómate una cerveza, que te invita mi prima.

MICH. Muchas gracias, pero no hace falta que me invite, puedo pagar.

ALBERTO. ¿Os calláis ya, que queremos enterarnos de esto? *(Pausa, se le nota incómodo con la presencia de* MICH*).* ¡Al carajo! Yo me voy. Ya lo escucho en el coche de camino.

MICH. ¿Dónde vas?

ALBERTO. Me voy a la ciudad a una entrevista de trabajo, a ver si salimos de esta ruina de pueblo, y de la mierda de los guiris que nos explotan.

PEDRO. Alberto, no la tomes con él, que es de los nuestros. ¿Crees que tiene la culpa de que su jefe sea un cabrón?

ALBERTO. Yo lo único que sé, es que hay que salir huyendo de aquí. *(Sale).*

PACO. Miguelito, no le eches cuenta. ¡Tú sabes!, estamos como estamos y no es fácil.

MICH. Si, tranquilo, lo entiendo. Es normal.

PACO. *(Escucha en la radio una información del caso).* ¡Me cago en *tó*!. Es que llevamos sin un trabajo en condiciones desde hace dos años. Se me acaba el paro, y las ayudas y...y esto..., esto va para largo. Así que la indemnización que podamos coger de todo esto, ¿va a tardar por lo que dice, no?

PEDRO. Y si llega. La empresa tiene unos abogados que dan miedo. Son duros. Así que la indemnización..., no sé yo.

PACO. No me digas eso que me entra el nervio y me da por romper cosas. Y no quiero.

PEDRO. Tranquilo, no rompas nada que como lo hagas tu prima te echa de aquí.

EMILIO *y* PACO *se quedan hablando,* MICH *va en busca de* ÁNGELA *que está limpiando la parte de fuera del bar.*

MICH. ¿Recuerdas lo que te dije anoche?

ÁNGELA. Me dijiste muchas cosas anoche.

MICH. Y todo verdad, ¡eh! Pero, me refiero a la intuición que tenía sobre que encontraría algo importante en las muestras.

ÁNGELA. ¡Ah! sí, cuando hablas del PH del agua y de esas cosas que cuentas pero que yo solo me entero de la mitad.

MICH. Aún no hablo del todo bien el español, dame tiempo.

ÁNGELA. ¡Es broma!, yo te entiendo siempre.

MICH. Pues yo tenía razón, lo he encontrado. Es demasiado alto el índice que marca, todo esto debería considerarse zona peligrosa. Tendrán que pagar Ángela. Os tendrán que pagar por la contaminación de vuestra tierra. Está en mi informe.

ÁNGELA. ¿Estás seguro?

MICH. Sí, seguro. Nos vemos esta noche, voy a entregar esto. Tengo cita con los abogados para entregar esto y para cerrar la hora de mañana para irnos al juicio. Luego te veo.

ÁNGELA. Hasta luego.

MICH sale de la escena. Un sonido fuerte llega desde lejos, es como un zumbido. Las luces comienzan a temblar. Van saliendo personas con monos y pañuelos en la cara, nos recuerda a la primera escena, es porque estamos en ese día. Y de nuevo los gritos de ayuda y las carreras con sacos que llevan a carretillas. El reloj-calendario comienza a girar muy rápidamente, se para en el 26 de Abril de 1998.

ESCENA 6ª

ÁNGELA JOVEN llega corriendo, trae bolsas con magdalenas y un paquete de café molido, comienza a hacer café allí en el quiosco. Su padre y su primo vienen con las botas y los guantes manchados de fango, comienzan a limpiarse las manos y la cara con un grifo que hay en la esquina del chiringuito.

EMILIO. Esto no se acaba.

ÁNGELA. *(Se asoma y grita).* Ya tenemos café.

EMILIO. Es como si todo lo que estamos haciendo no sirviera para nada.

PACO. La presa sigue echando residuo, por más que quitamos kilos de esta mierda, todo sigue igual que ayer.

ALBERTO. ¡Es horrible!, el ganado entero está enterrado en el lodo, y de las cabras de Fermín tan solo se han salvado 12.

PACO. Esto es una ruina para el pueblo.

EMILIO. Lo que nos faltaba ¡Joder! Y Avelino al ver su cultivo, el hombre se ha desmoronado, la plantación entera echada abajo. Tanto trabajo para nada.

ALBERTO. Han llegado del gobierno regional. Han dicho que es una catástrofe y que hay que parar como sea el avance del lodo antes de que llegue a las marismas, porque si llega, será una catástrofe aún peor.

PACO. Esto tendrá que pagarlo alguien ¿no? Los vecinos han perdido todo, el trabajo de toda una vida. ¿Pagarán, verdad tito? La empresa es la responsable de esto. ¿No?

EMILIO. *(A* ÁNGELA*).* ¿Dónde vas?

ÁNGELA. A echar una mano.

ALBERTO. Qué dices mujer, si por ahí no hay quien ande, te quedas clavado en el lodo ese.

ÁNGELA. ¡Déjame! Quiero ayudar y necesito ayudar.

ALBERTO. ¡Tú sabrás!

ÁNGELA. Sí, tranquilo.

ALBERTO. Sólo quiero que no te pase nada.

ÁNGELA. Lo sé, gracias.

PACO. Prima eso está muy duro ¡vamos que lo sepas! Pero tú eres más dura que eso, así que para adelante. ¡Anda! ponte bien el pañuelo, no respires ese aire sin esto, huele a huevos podridos.

EMILIO. Ángela, llena solo la bolsa hasta la mitad. Ese lodo tóxico pesa demasiado.

ÁNGELA. Vale.

Comienza a trabajar. El sonido ambiente de gente y bullicio comienza a deformarse. Desde arriba de la loma vuelve a aparecer el personaje de ÁNGELA ADULTA, *la* NIÑA *aparece sobre la escena andando entre los personajes paralizados. Le sigue una luz, un foco de luz blanca fría que la sigue de forma cenital.*

ESCENA 7ª

ÁNGELA. Incluso hoy, veinte años después, nos seguimos preguntando si hicimos todo lo que estuvo en nuestras manos. O si por el contrario, podríamos haber hecho mucho más. Aquel lodo se agarraba a nuestras manos, a nuestras piernas, como si quisiera engullirnos, como si quisiera arrastrarnos con él dentro de la tierra. El barro, oscuro y viscoso, se adhería a nuestra piel, a nuestros poros, como si quisiera entrar en nosotros. Como si quisiera correr por nuestras venas. Y lo consiguió, se agarró a nuestra tierra y alcanzó nuestras raíces y lo quemó todo. Secó el valle y lo dejó estéril, sin opciones, sin futuro. *(Pausa).* Aquel paisaje metálico nos devolvía nuestro reflejo como un espejo, pero ya no era nuestra imagen la que veíamos reflejada, sino la de nuestros huesos.

Durante años estuvimos arañando con nuestras propias uñas la costra que aún quedaba sobre la tierra, pero siempre había más. Siempre quedaba lodo en alguna parte. Y cuando subías aquí, para ver el paisaje, para ver cuanto esfuerzo más nos quedaba para recuperar nuestro horizonte, era como si no hubiéramos hecho nada, como si acabara de explotar la presa, como si acabara de bañase el valle con aquel maldito fango. Aquella materia pringosa parecía que quería borrarnos del mapa, hacernos desaparecer, echarnos del pueblo, desintegrar todo aquello por donde pasara. Años tardó mi pueblo en quitar esa mancha de su paisaje, de sus calles, de sus gentes pero aunque lo conseguimos, nunca volvimos a ser los mismos, el lodo lo inundó todo. Y aunque ya no era visible, se quedó dentro de nosotros y la noche se nos echó encima.

El espacio sonoro se convierte en un sonido espejo del anterior, ahora se vuelve a escuchar la realidad como saliendo del agua, el reloj-calendario vuelve a girar rápidamente, estamos en el año 2000. La NIÑA *se queda en la esquina de la escena.* EMILIO, PACO *y* ALBERTO *recuperan el movimiento, se terminan el café, se visten para continuar quitando lodo.* ÁNGELA JOVEN *entra en escena y comienza a quitarse el equipo y a lavarse las manos en el grifo, se echa agua en la cara y el cuello. Entra* MICH *en la escena.* ÁNGELA ADULTA *está encima de la loma. Cuando ve a* MICH *sale corriendo para verlo de cerca.*

ESCENA 8ª

MICH. *(A* ÁNGELA*)*. Hola, ¿es el centro de limpieza y estudio del vertido?
ÁNGELA. No.
MICH. Y ¿sabría decirme dónde está?
ÁNGELA. Lo siento, no tengo ni idea de lo que me estás hablando.
MICH. Vengo buscando el centro..., lo siento, no me he presentado, mi nombre es Mich. *(Le tiende la mano).*

ÁNGELA ADULTA *entra corriendo en la escena, es como invisible, no altera el diálogo. Ella es habitante de su recuerdo.*

ÁNGELA ADULTA. Mitch...

La NIÑA *corre hacia* ÁNGELA.

ÁNGELA JOVEN. Perdona, *(se limpia con un trapo la mano mojada),* yo soy Ángela.
MICH. Encantado de conocerte Ángela, y encantado de estar aquí.

ÁNGELA. Cuando haga cuarenta grados a la sombra no te encantará tanto estar aquí, créeme.

MICH. ¿Qué?

ÁNGELA. Nada, ¿para qué has venido?

MICH. Pues vengo a analizar el terreno. Soy geólogo y biólogo.

ÁNGELA. Pues llegas un poco tarde, vamos, dos años tarde.

MICH. No. Tienes razón pero no vengo a analizar el lodo. Eso ya se analizó en su momento. Vengo a estudiar el impacto que ha quedado en la tierra, en el agua y en el subsuelo.

MICH tiene una botella de agua que llena en el grifo.

ÁNGELA. Yo que tú no bebía esa agua.

MICH. ¿Por qué? *(Mira el color).* Si, ya veo. Tranquila, no era para beber. Estoy tomando muestras.

ÁNGELA. Pues, buena suerte.

Entran PACO y ALBERTO en escena.

ALBERTO. Ángela vente con nosotros, vamos al cine... ¿Te está molestando este?

MICH. No, bueno eso creo. Soy Mich, Michel..., Mich. *(Le tiende la mano).*

Entra PEDRO, el encargado de la empresa Bolgarium-Minas.

PEDRO. Hola. ¿Eres Mich, no?

MICH. Sí.

PEDRO. Soy Pedro, *(Se dan la mano).* Perdona el retraso, soy el encargado de Bolgarium-Minas, a Jean-Paul se le ha retrasado el vuelo así que hasta mañana no podrá recibirte.

MICH. Vale, no hay problema.

PEDRO. Chicos, este es vuestro nuevo compañero. Este es Paco y ese Alberto.

MICH. Hola Paco.

PACO. ¿Vas a trabajar en la mina con nosotros?

MICH. No, en la mina no.

PACO. ¿Cómo ha dicho compañero?

PEDRO. No. Él ha venido para hacer un análisis del impacto del vertido, para presentarlo como prueba cuando sea el juicio. ¿Dónde está tu padre?

EMILIO. Aquí. ¿Qué pasa Pedro? (EMILIO *tose. Tiene un pequeño ataque de tos).*

PEDRO. Tienes que ir a mirarte esa tos Emilio, eso no suena bien.

EMILIO. Ya bueno, un día de estos. ¿Qué quieres?

PEDRO. Este es Mich. Él va a sacar muestras del terreno. Andará algún tiempo por aquí.

EMILIO. ¡Ah! Vale *(Tose en su puño).* Encantado chico, soy Emilio. *(Le tiende la mano donde ha tosido).*

MICH. *(Con cara de no saber que hacer, finalmente le tiende la mano).* Mucho gusto señor.

PACO. Nosotros, nos vamos.

ALBERTO. Sí, que se nos hace tarde. ¿Te vienes Ángela?

ÁNGELA. No, paso. No me he traído ropa para cambiarme.

PACO. Da igual.

ÁNGELA. Mejor me quedo.

ALBERTO. Como quieras.

PACO. ¡Nos vemos!

ALBERTO. Hasta luego.

PACO y ALBERTO *salen de escena.*

EMILIO. Vente por aquí Mich. Este será tu cuartel general. Aquí dentro podrás dejar tu cosas y cambiarte. Aquí hay café, aquí cerveza, aquí el baño, y allí la ducha. *(Señalando el grifo con un hilo de agua, ríe).*

MICH. ¡Perfecto señor!, todo está perfecto. Muchas gracias.

PEDRO. Ahora vente conmigo que te llevo al pueblo. Te enseñaré la habitación donde te vas a alojar.

MICH. Sí, estupendo. ¡Adiós! *(Mirando a* ÁNGELA. *Ella lo mira de reojos y no le dice nada).*

EMILIO. ¡Adiós chaval!

ESCENA 9ª

Estamos en 2001, MICH *está realizando muestras, entra* ALBERTO *muy alterado con un papel en la mano,* PACO *entra tras él con la intención de frenar lo que va a suceder.*

ALBERTO. Te juro que lo reviento.
PACO. ¡Alberto, tío! ¡para!
ALBERTO. ¡Ven aquí hijo de puta!.
MICH. ¿Qué pasa?

ALBERTO *da un puñetazo a* MICH.

ALBERTO. Eres un cabrón, eres un puto cabrón.
MICH. Pero, ¿Qué ha pasado?¿Qué he hecho?

ALBERTO *le vuelve a dar un puñetazo,* PACO *intenta pararlo.*

PACO. ¡Joder! ¡Para ya tío!, él no tiene la culpa y lo sabes.
MICH. ¿La culpa de qué?
ALBERTO. *(Mostrándole el papel que trae en la mano).* Esto cabronazo, esto. *(Le tira el papel a la cara).*
MICH. ¿Qué es?
ALBERTO. ¡Léelo, puto cabrón!
PACO. ¡Tranquilo tío! *(A* MICH*).* Es el aviso del cierre de la mina.
MICH. ¿Qué? ¿Van a cerrar la mina?

ALBERTO *se escapa de los brazos de* PACO *y vuelve a por* MICH.

ALBERTO. No, no la van a cerrar. Ya la han cerrado. Y nos han avisado hoy. Un domingo. Para que no vayamos mañana.

MICH. Y ¿Por qué crees que yo tengo la culpa?

ALBERTO. Porque tú y el otro mierda guiri, habéis venido aquí, a explotarnos, a usarnos, a robarnos nuestra tierra y a destrozar nuestro pueblo. ¡Cabrones de mierda!.

Entran corriendo EMILIO *y* PEDRO.

EMILIO. ¡Alberto! ¡Déjalo ya! Él no tiene la culpa.

PEDRO. Por dios Alberto, si es un tirado como tú y yo.

ALBERTO. ¿Ah sí? ¿Cómo tú y como yo? ¿Seguro?. Porque a mí me suena que éste no cobra lo mismo que tú y que yo. ¿O me equivoco?. (*A* PEDRO). Supongo que eso lo tienes que saber tú mejor que yo. A mí me suena que éste cobra lo mismo que tú y yo, pero en el mismo mes.

A EMILIO *le entra un ataque de tos.*

PACO. ¡Vamos tío Emilio! ¡Siéntate aquí!

ALBERTO. No, claro que no tiene la culpa. La culpa la tienes tú y la tengo yo por permitirle a esta gente habernos pagado un mísero sueldo de mierda mientras nos dejábamos los pulmones. La culpa la tienen éste y ése por dejar que exploten nuestra tierra, la contaminen y no paguen siquiera por ello. La culpa la tenemos todos, por dejar que nos meen encima y recibirlos con los brazos abiertos. Que parecemos el puto bienvenido Mr. Marshall. Dile a tu puto jefe guiri si lo ves por tu puta tierra, porque ha salido por patas, huyendo como un cobarde, que como venga se traga todo el lodo que escondió en la balsa y lo tapó con arenita como si nada hubiera pasado, y para que no se atragante le enchufo la boca al grifo con agua del acuífero contaminado. A ver si le entra algún problemita en el tiroides, o en el intestino, o en el estómago. Y a ver si así de una vez le pueden encontrar la relación a todas las enfermedades que está sufriendo la gente del pueblo con el vertido tóxico, porque por lo visto, todavía no encuentran la vinculación lógica entre los males de la gente del pueblo y el fango de mierda, que todavía tengo el olor metido en el cerebro. *(Recoge su documento de despido con intención de irse de allí).* ¡Me cago en...! *(Grita y sale de la escena, al mismo tiempo que entra ÁNGELA).*

ÁNGELA. ¿Alberto qué te pasa?

ALBERTO. Que te lo cuente tu guiri.

ÁNGELA. ¿Qué ha pasado? *(Ve a MICH tirado en el suelo y con un ojo rojo).* ¡Joder! ¿Ha sido Alberto?

MICH. *(Le agarra del brazo para que no vaya tras ALBERTO).* Tranquila, no es nada.

ÁNGELA. ¿Alguien me va a explicar qué coño ha pasado?

PACO. ¡Toma!

ÁNGELA. ¿Qué es esto?

PACO. Léelo.

PEDRO. La empresa ha cerrado la mina. Ya el lunes no tenemos trabajo. Ninguno de nosotros. ¡Bueno!, solo Mich, porque su contrato es externo y los abogados de la empresa se encargan de llevar su estudio hasta el final.

ÁNGELA. Pero, ¿esto no puede ser, no?

PEDRO. Sí. Han cerrado hasta la oficina central de Madrid. Han desaparecido.

EMILIO *comienza a toser más fuerte, la escena se comienza a poner dramática, el espacio sonoro se hace cada vez más fuerte y no nos deja oír lo que dicen. El ritmo y la tensión aumentan.* PACO *sale corriendo como para avisar a alguien.* PEDRO *y* MICH *ayudan a* EMILIO. ÁNGELA *llama por teléfono. La escenografía comienza a girar y esta escena se va ocultando. El calendario-reloj marca el año mayo 2005. Suena la radio.*

ESCENA 10ª

PEDRO *está sentado tomándose un café y* ÁNGELA *visiblemente más cansada-triste-seria.* ALBERTO *llega.*

ALBERTO. Buenos días.

PEDRO. Hola Alberto. ¿Qué tal te va?

ALBERTO. ¡Bien, gracias! Mucho curro, pero estoy contento. ¡Hola Ángela!

ÁNGELA. Hola. ¿Qué te pongo?

ALBERTO. Un café con leche.

ÁNGELA. ¿Algo más?

ALBERTO. No, gracias. Ya he desayunado... en mi casa. Ahora vivo en un piso yo solo.

ÁNGELA. ¿Ah, sí?

ALBERTO. Sí. No es muy grande pero tiene una terracita preciosa, y da a una placita muy tranquila. Es pequeñito, pero para mi está bien, o para una pareja.

ÁNGELA. Me alegro.

ALBERTO. ¡Vente conmigo Ángela!

ÁNGELA. No puedo.

ALBERTO. No tienes nada que te ate aquí.

ÁNGELA. ¿Cómo que no? tengo esto.

ALBERTO. ¿Esto? Pero si te cuesta dinero tenerlo abierto.

ÁNGELA. Lo hago por mi padre.

ALBERTO. ¿Tu padre? Tu padre hubiera querido que te fueras de aquí. Que seas feliz, que rehagas tu vida. Eso es lo que hubiera querido tu padre *(Pausa).* Tú no lo haces por tu padre, lo haces por él.

ÁNGELA. ¿Qué dices?

ALBERTO. ¿Sigues esperándolo a él?

ÁNGELA. No.

ALBERTO. Hace ocho meses que se ha ido, Ángela, y sin despedirse. ¿Sinceramente piensas que va a volver a un sitio donde no hay futuro? ¿A un sitio en el que sabe que estamos todos esperándolo para arrancarle la piel a tiras? No, no va a volver. Vino a trabajar, se divirtió y se fue. Lo siento Ángela, lo siento de veras, pero Mich no va a volver.

PACO *entra con una bici muy vieja, entra exultantemente feliz.*

PACO. *(Gritando).* ¡Ángela! ¡Ángela! ¡No te lo vas a creer!

ÁNGELA. ¿Qué pasa?

PACO. ¡Qué bueno que estés aquí, Alberto!

ALBERTO. ¿Qué pasa, tío?

PACO. Tenéis que venir.

ÁNGELA. ¿A dónde?

PEDRO. ¿Qué te ocurre Paco?

PACO. Hola Pedro. ¿Tú también tienes que verlo?

PEDRO. ¿Qué quieres que vea?

PACO. Esto *(Sacando del bolsillo un móvil, busca una foto).* ¡Mira!

ALBERTO. ¿Qué coño es esto? *(Le pasa el móvil a* ÁNGELA*).*

ÁNGELA. *(Intentando ver lo que es).* ¿Qué es esto Paco? *(Le pasa el móvil a* PEDRO*).*

PACO. Una hierba.

PEDRO. Pero...

PACO. Está creciendo una hierba.

ÁNGELA. ¿Qué?

ALBERTO. ¿Estas de coña? *(Quitándole el móvil de las manos a* PEDRO*).*

PACO. La primera hierba que brota en la tierra.

PEDRO. ¿Dónde?

PACO. Junto a la antigua presa de la mina. Al lado justo de la grieta.

ÁNGELA. ¿Estás seguro?

PACO. Sí, ¡mira! parece una ramita. No sé lo que es, no sé si es un árbol, o un arbusto, mide unos veinte centímetros, más o menos. Es muy bonita y muy verde, y da mucha alegría.

ALBERTO. ¡¡Joder!!! Hay que verlo.

PEDRO. Sí, voy a decirlo en el pueblo. *(Sale corriendo).*

PACO. Coge tu móvil que hace mejores fotos.

ALBERTO. ¡Vamos Ángela!

ÁNGELA. No puedo.

PACO. Cierra esto, que no va a venir nadie.

ALBERTO. ¡Venga!, ¡vamos a verlo! ¿Al final vas a tener razón?

ÁNGELA. ¿Razón de qué?

ALBERTO. Al final, va a haber futuro aquí. Y van a volver las plantas, y los árboles y los pájaros.

ÁNGELA. ¿Ves? Al final solo era cuestión de esperar.

PACO *cierra la reja del chiringuito, salen corriendo. Comienza a sonar una música, es esperanzadora. Entra* MICH, *va descalzo y sin camisa.*

ESCENA 11ª

NIÑA. Hay que seguir regando la tierra cada día. Sin descanso.

MICH. Miremos el horizonte con esperanza, eso nos mantendrá vivos.

NIÑA. ¿Cuándo florecerán los campos?

MICH. Cuando la tierra esté preparada. Cada grano de arena guarda la historia del mundo. Antes oíamos sus historias. Nos contaban lo que somos, de donde venimos y qué es lo que podemos hacer aquí, en nuestro camino sobre ella. Esas historias nos ayudaban a no repetir los errores del pasado. La tierra nos sigue hablando, pero nosotros hemos perdido la habilidad de escuchar su voz. Nos hemos vuelto sordos. Hemos cortado los hilos con las historias pasadas. Por eso, aún cerrados los ojos y guardando silencio, no somos capaces de oír nada. Por eso cometemos errores, por eso nos equivocamos constantemente, por eso nuestras pisadas sobre la tierra, le dejan profundas heridas. *(Coloca su dedo índice sobre los labios como mandando a callar)*. ¡¡¡Shhh!!! ¡¡¡Shhh!!! *(Se agacha hasta terminar tumbado en el suelo en posición fetal)*. Solo hay que volver a escuchar, a encontrar de nuevo los hilos que nos unen a ella y dejarnos sentir las historias pasadas. Solo así podremos evitar dañarla de nuevo.

La NIÑA *lo tapa con un manto blanco. La escenografía comienza a girar. Se va oyendo la radio. Estamos en octubre 2003.*

ESCENA 12ª

RADIO. Y de nuevo nos encontramos ante la puerta de los juzgados. Hoy 17 de octubre de 2003, seis meses han trascurrido desde el comienzo del juicio sobre la catástrofe medioambiental más importante de nuestro país. Hoy llega una de la piezas claves del caso, el informe del impacto causado en la zona.

ÁNGELA. ¡Callaos ya! Que está empezando.

PACO. Sube el volumen.

ALBERTO. ¿Y ese café?

ÁNGELA. ¡Ya va!, ¡impaciente! ¡Aquí está tu café!

ALBERTO. Muchas gracias, muy amable.

PACO. Sube, que no me entero.

ÁNGELA. Voy.

PEDRO. ¿Ha empezado ya?

ALBERTO. Ahora mismo está empezando.

PACO. ¡¡Shhh!!! Que no me entero.

PEDRO. Perdón...

ÁNGELA. ¿Qué te pongo?

PEDRO. Un café.

ÁNGELA. ¿Con leche?

PEDRO. No, mejor un descafeinado. Sí, con leche.

ÁNGELA. ¡Tranquilo! Mich me dijo ayer que había encontrado algo en sus muestras. Por lo visto la zona es muy contaminante, por eso están saliendo los problemas de salud a la gente del pueblo, y que seguro el juicio sale a nuestro favor. Y que nos pagan una indemnización, a todos, al pueblo entero.

ALBERTO. ¿Estás segura?

ÁNGELA. Sí. Me lo dijo ayer, antes de entregar el informe.

PACO. ¿En serio? ¿Indemnización para el pueblo? Yo me pienso comprar una moto con lo que me den *(Recibe una colleja de* ALBERTO*)*. ¡Ay!

ALBERTO. No te emociones mucho. Verás como se las arreglan los abogados para darnos no más de dos perras para cada uno.

PEDRO. ¿Y qué te dijo después de entregarlo?

ÁNGELA. Nada. ¡Bueno! Es que luego no se pasó, me dijo que se pasaría pero no lo hizo.

PEDRO. Esta mañana me ha dicho Enriqueta que no ha hecho noche en el hostal.

ÁNGELA. Se iría anoche para la ciudad para estar hoy temprano allí, en el juicio. También me podía haber enviado un mensaje, pero estará nervioso. No le hace nada de gracia tener que hablar delante de tanta gente.

RADIO. Una de la piezas claves para la resolución de este conflicto es la prueba sobre el impacto en el terreno. Si fuera un índice de contaminación elevado, la empresa estará condenada y deberá pagar una indemnización a cada uno de los habitantes que han sufrido durante todos estos años la pérdida de sus cosechas, de su ganado y de sus tierras. Este importante estudio se ha llevado a cabo por el prestigioso geólogo y biólogo, el doctor Michel Alan Berthrand, encargado por la empresa Bolgarium-Minas para su defensa, y presentado esta mañana a cargo de los abogados de la empresa.

PEDRO. ¿No lo iba a presentar él mismo?

ÁNGELA. Sí. Me dijo que lo haría él.

PACO. No lo habrán dejado los abogados. ¿Los habéis visto alguna vez? Dan hasta miedo los abogados esos.

RADIO. Tras las muestras presentadas y los índices verificados hasta en cinco ocasiones por el estudio del prestigioso doctor Michel Alan Berthrand, han concluido como resultado que la cifra es mínima. El bajo residuo contaminado que ha quedado en la tierra y el agua de la zona que sufrió el vertido, son prácticamente insignificantes y que tanto la tierra como el acuífero que suministra de agua a la población están limpios y libre de toda contaminación. Por lo tanto, la empresa europea Bolgarium-Minas S.L queda libre de la acusación de contaminación y libre de abonar una cuantiosa indemnización a los habitantes de la población del valle del río Paraíso.

ALBERTO. *(Enfadado)*. ¿Cómo?

ÁNGELA. *(Incrédula)*. No puede ser verdad.

PACO. ¡¡Será cabrón!!

ÁNGELA. No puede ser verdad.

PEDRO. ¡Tranquila!, seguro que es un error. Voy a llamarlo.

ALBERTO. ¡Lo sabía!, es que lo sabía. ¡Estaba claro!

ÁNGELA. Estaba claro ¿Qué?

ALBERTO. Pues todo esto.

ÁNGELA. ¿Que estás insinuando?

ALBERTO. Pues lo que piensas.

PEDRO. Tiene el teléfono desconectado.

PACO. Como lo pille se entera.

ÁNGELA. ¡No puede ser verdad!.

ALBERTO. ¡Pues sí! sí que lo es. Nos la ha colado.

PACO. ¿Y ahora que hacemos? Pedro, tienes que hablar con los abogados ¿vale?. ¿Y la gente que ha perdido su ganado y sus cultivos? Aquí no crece nada desde entonces, estas putas tierras están secas. Alguien tiene que pagar a la gente por eso ¿No? Y si no son ellos ¿Quién lo va a hacer?

ÁNGELA. *(Llamándolo por el móvil)*. ¡¡Mich!! ¡Llámame cuando oigas esto! Tenemos que hablar, es urgente.

PEDRO. Voy al pueblo a ver si se pasa por el hostal. Y si lo veo allí, lo traigo para acá ¿Vale? *(Sale)*.

PACO, ALBERTO *y* ÁNGELA *quedan allí en silencio. La luz de la escena comienza a cambiar, se va haciendo de noche. Cambian de postura hasta en dos ocasiones.*

ÁNGELA. *(Hablando por teléfono).* Por favor Mich, si escuchas este mensaje llámame; me estoy empezando a preocupar. Aquí, la verdad, todos quieren matarte, pero ¡tranquilo! yo solo quiero que me cuentes lo que ha pasado. Llámame por favor. Te quiero mucho.

Transcurre el tiempo muy lentamente. Entra PEDRO.

PEDRO. ¿Se sabe algo?
ALBERTO. No
ÁNGELA. Y por el hostal. ¿Se ha pasado por allí?
PEDRO. No. Me he llevado allí todo el día con Enriqueta, y no ha pasado por allí. Al final la he convencido y me ha abierto la puerta de su cuarto.
ÁNGELA. ¿Y qué?
PEDRO. No había nada suyo. Se lo ha llevado todo. Así que no creo que vaya a volver por aquí. ¡Lo siento Ángela! *(Sale).*
ALBERTO. Yo...Ángela... lo siento...yo... lo tenía que haber matado cuando pude.
PACO. Prima, ven aquí. *(La abraza).* No te preocupes, tenía demasiada cara de pringao para ti. Tú te mereces algo mejor. No te preocupes, yo siempre me quedaré aquí contigo, en nuestro viejo, polvoriento y desastroso paraíso.

Se vuelven a abrazar. Comienza a oscurecerse la escena y el reloj-calendario marca 2008. Entra ÁNGELA ADULTA.

ESCENA 13ª

ÁNGELA ADULTA *está ordenando y limpiando la zona. La* NIÑA *está en la escena dibujando, sentada en la esquina. Una guirnalda de luces está encendida,* ÁNGELA *escucha ruido y mira hacia el camino de entrada. Pausa, entra* ALBERTO.

ÁNGELA. ¡¡Hombre!!! Que alegría, dichosos los ojos.

ALBERTO. Hola Ángela. ¿Qué haces aquí tan sola?

ÁNGELA. Todo el pueblo están en la misa del aniversario.

ALBERTO. ¿Diez años?

ÁNGELA. Sí, diez años, por un lado parece que fue ayer, y por otro parece que ha pasado una eternidad.

ALBERTO. Sí, a mí también me pasa. A veces parece que son recuerdos como de otra vida.

ÁNGELA. Que de tiempo hacía que no te dejabas caer por aquí.

ALBERTO. Sí, casi un año.

ÁNGELA. ¿Un año? ¿Tanto tiempo? ¿Qué te pongo?

ALBERTO. Una cerveza, pero de esas frías...pero fría.

ÁNGELA. Venga, así me tomo otra contigo. *(Pausa).* ¡Toma!, por la visita. *(Chocan los botellines).*

ALBERTO. ¿Qué tal estás?

ÁNGELA. Bien, bueno como siempre. Aquí nunca pasa nada, es como si se hubiera congelado el tiempo. ¿Y tú qué tal?

ALBERTO. Bien. Me gusta mi trabajo, estoy contento. Me he comprado una casa más grande.

ÁNGEAL. ¡Enhorabuena!

ALBERTO. Gracias. *(Pausa).* ¿Te acuerdas de antes?

ÁNGELA. ¿De antes de todo?

ALBERTO. De antes de que pasara. *(Silencio).* De los domingo comiendo aquí, de los baños en el río, de los paseos en bici, de las escapadas nocturnas para ver la lluvia de estrellas.

ÁNGELA. Sí, antes tenía más sentido el nombre del Valle del Paraíso.

ALBERTO. Pues, yo casi que no me acuerdo.

ÁNGELA. ¿De qué?

ALBERTO. Del olor. Ya no me acuerdo del olor de los árboles y de los arbustos, del olor a hierva mojada, del olor a flores y jaramagos silvestres en primavera. Ese olor que era tan de aquí, tan de nosotros... y que ya no existe. Hace diez años que no existe. Y tengo los recuerdos, y también tengo guardados los sonidos, las risas, el sonido del agua, el grito tan extraño que hacía tu primo cuando se tiraba al río desde la cuerda atada al árbol. Pero ya no recuerdo el olor que traía la brisa cuando nos sentábamos en la orilla a tirar piedras. Y he buscado en otras tierras, y en otras orillas a ver si encontraba el aroma. Pero ha sido inútil, no lo he encontrado en ninguna parte. Y siento que me han robado una parte de mí, de mi infancia, que hace diez año nos robaron nuestro origen, nuestras raíces y, desde entonces, es como si no me encontrara en ningún sitio. Ni aquí, ni allí.

ÁNGELA. Te entiendo perfectamente, a mí también me pasa.

ALBERTO. ¿Sabes por qué hace un año que no vengo?, porque me juré que no volvería a pedírtelo. Pero llego aquí y te miro y... yo no he perdido la esperanza. ¿Vente conmigo Ángela? Deja de una vez todo esto.

ÁNGELA. No puedo, sabes que no puedo.

ALBERTO. Aquí ya no volverá a oler como antes. ¿No lo ves? Tan solo ha crecido un árbol, un árbol tan solo en 10 años. Ángela, aquí ya, jamás, volverá a oler a vida.

ÁNGELA. Lo siento, no puedo irme de aquí. Lo sabes.

ALBERTO. Vale, *(Pausa)*. Entonces seré yo quién me vaya. Necesito no seguir esperándote. Adiós Ángela.

ÁNGELA. Adiós Alberto.

ALBERTO *sale. Se escuchan a dos jóvenes riendo, son* ANGELA JOVEN y MICH. *Estamos en el verano de año 2000, el reloj-calendario nos transporta a la fecha.* ANGELA ADULTA *será testigo de toda la escena, también la* NIÑA *estará presente.*

ESCENA 14ª

MICH. No estará tu padre por ahí, ¿no?

ÁNGELA. Qué más da.

MICH. No, solo que no quiero que tu padre se enfade.

ÁNGELA. Quién me iba a decir a mí, hace tres meses cuando llegaste que terminaría liándome contigo.

MICH. Estaba claro, sin duda, soy el exótico.

ÁNGELA. *(Ríe).* ¿Exótico? Sí claro, exótico suena, a caribeño, a morenazo, y tú eres tan blanco que pareces reflectante. Por la noche puedes ir completamente desnudo en mitad del valle y estoy segura que se te vería perfectamente.

MICH. ¿Lo intento a ver si es verdad? *(Se quita la camiseta).*

ÁNGELA. ¿Qué es esto?

MICH. Un saquito.

ÁNGELA. Ya, pero ¿qué tiene?

MICH. Una semilla.

ÁNGELA. ¿Una semilla?

MICH. Es la semilla de un árbol. Me la traje de China. Es un árbol que puede crecer en cualquier tierra.

ÁNGELA. ¿En cualquier tierra?

MICH. En cualquier circunstancia, incluso en condiciones que ninguna otra planta podrían crecer.

ÁNGELA. Y eso puede hacer esta semilla.

MICH. A veces, solo hace falta una sola semilla para sembrar el mundo.

ÁNGELA. ¿Cuánto tiempo te quedarás?

MICH. No sé, ¿siempre?.

ÁNGELA. No, en serio.

MICH. Mi trabajo, será entre dos años y dos años y medio y después no sé. Depende de ti.

ÁNGELA. ¿De mí?

MICH. ¿Tú quieres que me quede?

ÁNGELA. Sí.

MICH. ¿Qué me quede siempre?
ÁNGELA. Siempre.
MICH. Entonces me quedaré.

ÁNGELA ADULTA *está llorando. La* NIÑA *se acerca y la abraza.*

NIÑA. ¿Cuándo florecerán los campos?
ÁNGELA. Pronto cariño, muy pronto.

Coge a la niña en brazos y salen de escena. El tiempo pasa, hay un cambio de luces que indica que va amaneciendo. Calendario-reloj marca 2001, es el día que reciben la carta de despido. Entra EMILIO, *organiza el bar, escuchan voces, son* ALBERTO *y* PACO, *entran en escena con signos de embriaguez.*

ESCENA 15ª

EMILIO. Vaya jaleo traéis.
PACO. Nos han cerrado la discoteca en toda la cara tito Emilio.
ALBERTO. ¡Qué malajes!, cuando se estaba poniendo interesante la noche.
PACO. ¡Bueno, noche, noche, más bien cuando se estaba poniendo bien el día!
ALBERTO. También es verdad. (*Ríen*).
EMILIO. Os voy a poner dos cafelitos bien cargados.
ALBERTO. Gracias Emilio.

Entra PEDRO *bastante agitado y preocupado, trae un gran puñado de sobres en la mano*

PEDRO. ¡Estáis aquí! ¡Bien! Mejor así.
PACO. Pedro, ¿Qué te pasa te veo estresado?
PEDRO. Una putada, es una putada.

EMILIO. ¿Qué es una putada?

PEDRO. Esto. *(Dándole a* EMILIO *su carta).* ¡Léelo! Aquí está la tuya Alberto. Y esta es para ti Paco.

EMILIO. ¿Esto no es verdad, no?

PEDRO. Me temo que sí lo es Emilio.

ALBERTO. Entonces, ¿mañana ya no vamos?

PEDRO. No.

PACO. ¿Desde cuándo sabes esto?

PEDRO. Desde esta mañana, han venido los abogados a mi casa, y me han contado que ya la han cerrado. Me han dado cada una de las cartas de despido de todos los trabajadores y tengo que entregárselas hoy.

EMILIO. ¿Pero esto es legal?

PEDRO. Han presentado concurso de acreedores y eso les permite cerrar a cal y canto.

EMILIO. Pero podemos ir a la oficina central a pedir explicaciones.

PEDRO. También la han cerrado.

PACO. ¡¡¡Joder!!! *(Dando una patada a una silla).*

ALBERTO. ¿Se creen superiores a nosotros, no? ¿Creen que pueden venir aquí a reírse de nosotros porque hay hambre? ¿Por qué siempre todo lo que viene de fuera es mejor que lo que hay aquí? ¿Por qué los que estamos aquí al final, si queremos sacar la cabeza del fango tenemos que dejarlo todo atrás e irnos fuera? ¿Para que allí también nos traten como si fuéramos unos miserables?. ¡Yo me cago en todos aquellos que vienen de fuera para cargase mi tierra!, y también ¡me cago en todos lo de aquí que dejamos el camino libre para que lo hagan!. Pero esto se acaba... Ahora mismo *(Sale corriendo de escena).*

PACO. ¡Alberto espera!, ¿dónde vas? *(Corre detrás de él).*

EMILIO. Alberto, no hagas ninguna tontería.

PEDRO. Va a por Mich, seguro.

Salen de escena a toda prisa, EMILIO *se para y tose,* PEDRO *lo agarra y* EMILIO *le hace un gesto de estar bien, continúan saliendo con urgencia. La música es de tensión, es el mismo espacio sonoro que en la escena nueve. El reloj-calendario marca el 26 de abril de 2018.*

ESCENA 16ª

Entran de espalda a ritmo lento, entra JOHN y ANGELA ADULTA, hasta ir a los sitios donde estaban justo al final de la escena cuarta.

NIÑA. *(Sale con un reloj de arena).* Cada grano de arena guarda la historia del mundo. ¡¡¡Shhh!!! *(Colocando el reloj en el suelo escucha la tierra).* Debemos guardar silencio para oír su voz. *(Sigue escuchando, se levanta y comienza a dibujar).*

ESCENA 17ª

JOHN. Estas son todas sus cartas. Escribía a mi abuela y a mi madre cada quince días. Hasta que dejó de llegarnos. Luego recibimos esta un mes más tarde, diciendo que estaba en México pero no es la misma letra y nunca más hemos recibido noticias.

ÁNGELA. La última vez que nos vimos, no me habló de irse a México, ni si quiera me comentó que se iba. Él presentó un informe en el juicio que favorecía a la empresa y nos dejó sin posibilidad de recurrir. Supusimos que por eso se fue sin decir adiós. Aquí estábamos todos enfadados con él.

JOHN. Lo entiendo

Entra PACO.

PACO. ¿Ángela aún estas abierta? Antes de cerrar ponme una birra. *(Mirando a JOHN que se ha puesto de pie al entrar PACO).* ¿Miguelito? ¿Eres tú? ¡Tío estás igual, coño! ¿Dónde te habías metido? Aquí todo el mundo te sigue teniendo ganas... ¿eh?

ÁNGELA. Paco, no es Mich.

PACO. ¿Qué?¿Cómo que no? Si es clavado.

JOHN. Lo siento, soy John el sobrino de Mich. *(Le da la mano).*

PACO. ¡¡Hostia!! ¿En serio? Eres clavado a él.

JOHN. Sí, todo el mundo lo dice.

PACO. ¿Qué haces por aquí? ¿Y tu tío? ¿Has venido con él?

JOHN. No, mi tío no está aquí.

ÁNGELA. ¿Tú recuerdas, la última vez que lo viste, si te habló de irse a México?

PACO. ¿La última vez? ¡Puf! Han pasado tantos años de la última vez que lo vi. Quince años creo, ¿no?. Pero no, yo creo que no. ¿Por qué?

JOHN. No sabemos nada él desde entonces al igual que vosotros.

PACO. ¿Cómo?

JOHN. Cuando estaba aquí nos escribía y nos contaba sobre vosotros y lo mucho que le gustaba estar aquí. Lo mucho que disfrutaba de su trabajo y lo útil que era para demostrar lo injusto de vuestra situación. Él estaba convencido de que aquí hubo muchas negligencias.

PACO. Pues no lo parecía, el documento que presentó decía todo lo contrario.

JOHN. Si, lo sé. No sé qué pudo pasar.

La NIÑA saca una caja metálica de galletas antiguas, está llena de fotos y se la da a ÁNGELA. La NIÑA sale de la escena.

ÁNGELA. ¡Mira Jonh! son unas fotos antiguas, en alguna de estas sale tu tío.

PACO. ¡Madre mía!, Ángela, has abierto la caja de pandora, ¡Mira que pintas! Esta es ella cuando tenía 15 años.

JOHN. ¡Que guapa!

ÁNGELA. ¿A ver? Sí. Qué pequeña. ¡Mira John! Así de frondoso era todo esto antes del vertido.

JONH. Qué maravilla de paisaje.

PACO. Sí. Aquí era cuando todavía tenía sentido que se llamara el Valle del Paraíso.

JOHN. ¿Y esto qué es?

PACO. Esto es hace un par de años, el único árbol que ha crecido en el valle desde entonces.

JOHN. Es muy grande el árbol.

PACO. Sí, ¡mira! Aquí está más pequeño.

JOHN. ¿Es el mismo árbol?

PACO. Sí.

JOHN. ¡Oh! Increíble. Y mi tío no estaba aquí.

PACO. No, el árbol creció unos meses después de que tu tío se fuera.

ÁNGELA. ¡Mira, en esta foto está tu tío!

JOHN. Sí es verdad, me parezco mucho a él. *(Se pone la foto junto a la cara).*

ÁNGELA. Muchísimo, te pareces muchísimo.

PACO. ¡Que pintas! Bueno, es que hace catorce o quince años de esto. Sí.

ÁNGELA. Mira, en todas estas sale tu tío.

ÁNGELA *recoge, lleva la bandeja y pone los vasos sobre ella mientras que* PACO *y* JOHN *siguen viendo las fotos.*

PACO. Ésta es la primera foto que nos hicimos juntos.

JOHN. ¿Quién es este señor?

PACO. Era Emilio, mi tío, el padre de Ángela.

JOHN. Tiene cara de buena gente.

ÁNGELA. Sí, lo era.

JOHN. ¿Qué es esto que lleva mi tío al cuello?

ÁNGELA. ¿Qué?

JOHN. ¿Es un colgante?

ÁNGELA. ¡Ah! Sí, su saquito. En él guardaba la semilla de un árbol....

ÁNGELA *mira el dibujo de la* NIÑA. *En él encuentra un árbol que nace de un señor acostado en el suelo. Pausa. Comienza un pitido.* ÁNGELA *acaba de darse cuenta, se le cae la bandeja al suelo.*

ESCENA 18ª

ÁNGELA. En ese preciso momento mi mundo crujió de nuevo. En ese preciso instante comprendí que nunca se fue, que siempre se quedó a mi lado. Tras ese enorme temblor, donde escuché el crujido de mi mundo, sentí como una parte de mí siempre lo había sabido. Y tras aquel enorme estruendo se hizo el silencio y ahí apareció el murmullo, comencé a escuchar la voz de la tierra.

Y hoy, veinte años después de aquello, seguimos con nuestra tierra incapaz de albergar vida, con nuestros pozos llenos de agua que no podemos beber, con un pueblo que perdió su trabajo y que nadie se ocupó de devolvérselo. Nadie quiso que pasara; pero pasó. Unos silenciaron la verdad y otros en el fondo lo permitimos. Eso nos hizo igual de culpables y la culpa nos desterró.

Todos los personajes van saliendo a escena, EMILIO, PEDRO *y* ALBERTO *se van quedando quietos mirando al frente, al igual que* JOHN, PACO *y* ÁNGELA. *Se colocan en posición neutra y miran al frente.*

La vida nos cambió a todos aquella noche. La noche que crujió la tierra y el mundo se nos vino encima.

Comienza un sonido atronador, todos los personajes miran al cielo, cuando llega al culmen, hacen un gesto como cubriéndose la cabeza con los brazos, como si el cielo se desplomara encima de ellos, en ese preciso momento se hace un OSCURO.

ABRÁZAME HASTA QUE TERMINE LA CANCIÓN DEL TETRIS

Nani Muñoz

PERSONAJES

ELLA
ÉL
PASADO
PRESENTE
FUTURO

Los personajes pueden ser interpretados por un
ACTOR y una ACTRIZ

ESCENA 1

Las siluetas de ELLA *y* ÉL. *El estandarte de un futuro rancio, irónicamente futurista. La música del Tetris suena de fondo; no parará. En el centro, una barricada. Al fondo, un muro. Puede ser luz, puede ser sonido, puede ser una idea o cachivaches. Existe y divide el mundo conocido en dos. Se asoman por encima del muro.* ELLA *más que* ÉL, *nunca a la vez.* ELLA, *por enésima vez, se asoma. Suena un disparo. ÉL la tira de culo al suelo.*

ÉL. ¡Quédate quieta!
ELLA. No va a pasar nada.
ÉL. A no ser que te muevas y te vean, y como saltes, te juro que...

ELLA, *nerviosa pese a su bravuconería.* ÉL *disimula el miedo como puede: mal.*

ELLA. Tranquilo.
ÉL. No va a pasar nada. Dilo. *(Una nana, su mantra).*
ELLA. Hace frío.
ÉL. Sí. No va a pasar nada.
ELLA. Para.
ÉL. ¿Por qué?
ELLA. No me mientas. *(ÉL se asoma).* Ten cuidado.
ÉL. No va a pasar nada.
ELLA. No hagas eso.
ÉL. Alguien tiene que vigilar.
ELLA. ¿Y por qué tienes que ser tú el héroe? Estás muerto de miedo.
ÉL. Soy más fuerte, más grande, más...
ELLA. Torpe, más lento, más difícil de esconder.
ÉL. No te entiendo. A veces pienso que quieres que te vean. ¿No replicas?
ELLA. ¡Shhh!

ÉL. No me mandes a callar.

ELLA. ¡Shhh!

ELLA. (*Asomada*). Se han ido.

ÉL. ¿No van a cansarse nunca?

ELLA. No lo sé.

ELLA. Se suponía que se iban a calmar.

ÉL. Ni me lo recuerdes.

ELLA. Claro que te lo recuerdo. Tenemos que acordarnos, nosotros más que nadie. No sabemos por cuánto tiempo más vamos a poder.

ÉL. Aunque lo supiéramos, no podríamos cambiarlo. ¿De qué sirve?

ELLA. ¿Y qué quieres que hagamos si no?

ÉL. Nada. No hay nada que podamos hacer. No importa cuánto grites, cuánto avises o a quién preguntes. No queda nadie que escuche. ¿Para qué una rebelión de las masas si no hay masas que rebelar?

ELLA. ¿En qué nos convierte eso?

ÉL. En cadáveres vivos, tan irrelevantes que hasta a los cielos e infiernos se les ha olvidado desenchufarnos.

ELLA. No quiero estar de acuerdo contigo.

ÉL. Tú misma. Somos un purgatorio online sin conexión, no hay más. ¿Qué quieres? ¿Gritar a la nada hasta escupir tus cuerdas vocales, secas como cuerdas de guitarra, y tocar cánticos de guerra con ellas? Porque no hay más, no nos queda más que hacer. Di tú, dilo, ¿qué se te ocurre?

ELLA. (*Cuestión de vida o muerte*). Abrázame.

ÉL. ¿Por qué?

ELLA. Porque sí.

Se abrazan.

ÉL. A veces tengo miedo.

ELLA. Agradece que es sólo a veces.

ÉL. Vamos a jugar. Por favor.

ESCENA 2

Juegan.
No es necesario saber en qué consiste exactamente el juego.
El juego puede, y debe, ser una evocación a la infancia y al recuerdo.
El juego puede, y debe, hacernos descubrir que en algún momento todos jugamos por última vez.
El juego puede, y debe, ser una ceremonia.
Así pues, la regla de oro es que el juego puede, y debe, ser tomado muy en serio.

ESCENA 3

El juego es detenido por una sirena. ÉL *y* ELLA, *animalillos en mitad de la carretera. Suena Korobéiniki; un coro de consuelo que presagia una catástrofe.* ÉL *la abraza. Tiemblan juntos.*

ÉL. No va a parar hasta que lo consiga.
ELLA. Iluso. Se cansará.
ÉL. ¿Y si no se cansa? No quiero vivir con miedo.
ELLA. Pero no quieres luchar contra él.
ÉL. No quiero vivir con miedo, pero tampoco quiero morir.
ELLA. Nadie ha hablado de morir.
ÉL. Ilusa.
ELLA. No uses mis palabras contra mí.
ÉL. Las palabras tienen doble filo. Lo sabes, igual que sabes que tras el muro sólo queda muerte.
ELLA. No lo sé, ni tú tampoco. No lo vamos a saber hasta que saltemos.
ÉL. No lo sabré nunca.
ELLA. No puedes vivir así.
ÉL. No puedes matarte así.
ELLA. No es matarme. Y sí que puedo, si quiero.
ÉL. La curiosidad mató al gato.
ELLA. Termina el refrán, cobarde. La curiosidad mató al gato, el saber lo trajo de vuelta.
ÉL. ¿Y qué te quedará, ser el cadáver más listo de la fosa?
ELLA. Ya es más de lo que te quedará cuando yo haya saltado.
ÉL. No. Hay que cuidarnos mientras podamos para luchar cuando no quede más remedio.
ELLA. ¿Y quién decide cuándo pasa eso?
ÉL. Ni tú ni yo, eso seguro.
ELLA. Estoy cansada de que decidan por mí. Necesito saber.
ÉL. Si sólo saltas tú, sigues sin saber nada.
ELLA. Sabré que he saltado.

ÉL. ¿Y de qué te sirve? El juego no termina hasta que yo también salte.

Silencio.

ELLA. Saltemos, entonces.

ÉL. No quiero morir.

ELLA. Saltaré sola.

ÉL. No quiero que mueras.

ELLA. No es cuestión de morir. Es acabar, saber qué hay detrás.

ÉL. Cuando acabe el juego acaba todo, ¿qué esperas que pase?

ELLA. Que salga otra línea, otra música, no lo sé. Algo. No creo en el vacío.

ÉL. Tampoco creías en el hambre.

ELLA. Ni tú en el amor.

ÉL. Sigo sin creer.

ELLA. No decías lo mismo ayer.

ÉL. No sabía nada entonces.

ELLA. ¿Y ahora sí? Dime, ¿qué sabes ahora?

ÉL. Que no quiero saltar.

ELLA. ¿Por qué?

ÉL. Porque mañana...

ELLA. Mañana no existe.

ÉL. ¿Quién te ha dicho eso?

ELLA. Nadie. Hemos inventado el tiempo para no tener que arrepentirnos de las cosas que no hacemos. Mañana, es el consuelo de los cobardes.

ÉL. No. Mañana es la razón por la que tenemos que estar aquí hoy.

ELLA. No. Mañana es la manta que te calienta cuando te vas a dormir hoy con el estómago vacío y la cabeza llena de contradicciones: consuelo de unas horas para una vida eternamente a punto de empezar.

ÉL. ¿Desde cuándo eres tan poética?

ELLA. Desde siempre. Eres tú el que ha empezado a escucharme ahora.

ÉL. Mentirosa.

ELLA. No más que tú.

ÉL. Mañana saltamos el muro.

ESCENA 4

Oscuro. Sobre la música suenan voces de protesta, telediarios, publicidad, cánticos revolucionarios, manifestaciones. Siluetas recortadas, presente y pasado. A un lado, un espacio vacío. Son personajes diferentes. ELLA *el presente,* ÉL *el pasado. A un lado, el* FUTURO.

PRESENTE (ELLA). Hoy nos pertenece, crearemos un mundo para nuestras hijas.

PASADO (ÉL). Nos robaron el hoy, pero el mañana...

PRESENTE. Nadie moverá un dedo por el mañana si no empezamos nosotros.

PASADO. Comenzado el movimiento, los que vengan lo acabarán.

PRESENTE. Somos la revolución de madres, abuelas, hermanas. Somos los silencios y los gritos. Somos la sangre y las brujas. Somos guerra.

PASADO. Dos guerras han sido suficiente. Dejamos un presente digno, ¿verdad?

PRESENTE. No, nunca será suficiente. Ni medias tintas, ni medias entintadas de sangre al fondo del bolso. No...

PASADO. ¿Queda pan? ¿Tampoco? ¿Ni las migas?

PRESENTE. Elecciones, ¿otra vez?

PASADO. Desde el lunes. Frente al colegio. Voces roncas.

PRESENTE. La llave como un punzón, no pases la anilla entre los dedos. El pulgar, siempre en perpendicular y por dentro. El puño americano puede romperte la mano o buscarte una multa; los botes pequeños de laca son legales. Rodillazo desde abajo y codazo en la nuca cuando se encoja. No te quedes a rematar, corre. No mires, no hables, no grites, no mires, no grites. No hables. No te calles. No apartes la vista. Grita, grita, grita.

PASADO. Yo no he escrito eso. No sé cómo ha llegado a mi casa. No. No, le digo.

PRESENTE. No, no le dije que viniera. Un par de copas. No sé cómo llegó a mi casa. No, le digo que me acuerdo de todo. Ojalá.

PASADO. ¡Le juro que no sé cómo ha llegado aquí!

PRESENTE. Le juro que no sé cómo llegamos allí.

PASADO. Deme un segundo, tiene que haber una explicación. Pare de hacerme preguntas, ¡pare!

PRESENTE. Yo también le pedí que parase.

PASADO. ¡No, le digo que no!

PRESENTE. ¡No, le dije que no!

AMBOS. ¡No!.

Tiempo. Silencio.

PASADO. No puedo irme de este mundo, tengo hijas.

PRESENTE. No... no voy a darle hijas a este mundo.

Suena un disparo.

ESCENA 5

En el centro de la barricada. Vuelve el coro de la catástrofe. Miedo.
El día avanza lento pero imparable. ELLA *empieza a amedrentarse;*
ÉL *a resignarse.*

ÉL. ¿Qué pasa si la tiran?
ELLA. Desaparecemos.
ÉL. ¿Cómo lo sabes?
ELLA. No lo sé, es lo que querías oír.
ÉL. Eso te lo acabas de inventar.
ELLA. No deja de ser cierto: te consuela pensar que estás aquí
porque la otra opción es morir.
ÉL. Otra vez la muerte.
ELLA. Siempre la muerte. Es lo único que tenemos claro.
ÉL. No.
ELLA. ¿No?
ÉL. Yo tengo claro que quiero vivir.
ELLA. ¿A qué precio?
ÉL. Al que sea.
ELLA. Mentiroso.
ÉL. ¿Otra vez?
ELLA. No quieres saltar.
ÉL. Porque quiero vivir.
ELLA. ¿A qué precio?
ÉL. Al que sea.
ELLA. Mentiroso.
ÉL. ¿Otra vez?
ELLA. Sigues sin querer saltar el muro.
ÉL. ¿No hemos tenido esta conversación ya?
ELLA. Unas diez veces al día.
ÉL. ¿Y qué ganamos con ello?
ELLA. ¿Qué tenemos que perder?
ÉL. Me confundes.

ELLA. A ti todo te confunde.

ÉL. Lo siento.

ELLA. No es culpa tuya.

ÉL. Ya no sé ni lo que digo.

ELLA. Por eso empiezas a llevar razón.

ÉL. ¿Qué?

ELLA. Olvídalo. No lo ibas a entender.

ÉL. ¿Por qué?

ELLA. Porque te han escrito así.

ÉL. ¿Quién?

ELLA. ¿No quieres saltar un muro, pero te quieres poner existencialista?

ÉL. Cierto. No quiero morir.

ELLA. Le pasa a mucha gente.

ÉL. No, así no. No quiero morir aquí.

ELLA. ¿Y dónde quieres morir?

ÉL. No lo sé.

ELLA. Entonces te daría igual morir aquí.

ÉL. No. Es lo único que tengo claro.

ELLA. Vamos a jugar.

ESCENA 6

Ya sabes las normas del juego. Úsalas.

ESCENA 7

Cada respuesta pesa.

ÉL. No nos merecemos esto.

ELLA. ¿Seguro?

ÉL. ¿Crees que nos lo merecemos?

ELLA. ¿Tú crees que no?

ÉL. ¿Qué hemos hecho para merecerlo?

ELLA. ¿Qué has hecho tú para evitar que pase? Nada.

ÉL. No es verdad.

ELLA. ¿No?

ÉL. Hemos gritado y escrito y leído y llorado. Hemos luchado.

ELLA. ¿Para qué?

ÉL. Para ser oídos, para ser alguien, que el resto sepa... algo.

ELLA. Nadie sabe nada, es lo único que sabes.

ÉL. ¿Y qué sabes tú? Lo único que nos diferencia es que tú querías saltar desde el principio. ¿No era eso rendirse a la muerte?

ELLA. Tal vez.

ÉL. Entonces, ¿por qué me acusas de querer lo mismo?

ELLA. Por fin admites que querías la muerte. (ÉL *calla*). ¿Por qué?

ÉL. Porque por mucho que queramos encabezar la revolución, los teatros vacíos son testimonios muertos y ya nos sobran las dos cosas. Muerto el rebelde, el testimonio quizás viva.

ELLA. O quizás muera con él.

ÉL. Quizás haya empezado a darme igual. No sé si vale la pena.

ELLA. ¿El qué?

ÉL. Todo.

ELLA. ¿Todo?

ÉL. Vivir.

ELLA. Creía que te daba miedo la muerte.

ÉL. Cuando creía que estábamos a salvo. Cuando parecía que no íbamos a morir.

ELLA. Todos morimos.

ÉL. No aquí.

ELLA. No necesariamente aquí.

ÉL. Pero ese es el encanto de la muerte. El factor sorpresa.

ELLA. El factor sorpresa de la muerte es lo que le da encanto. Comprendo.

ÉL. Piénsalo. La muerte es lo único que tenemos claro de la vida.

ELLA. Cierto.

ÉL. Y nadie sabe cuándo sucederá exactamente.

ELLA. Correcto.

ÉL. ¿No crees, entonces, que hay cierto... cómo decirlo, poder, en elegir cuándo encontrarnos?

ELLA. ¿Con quién?

ÉL. Con ELLA.

ELLA. Por supuesto, Muerte tiene nombre de mujer.

ÉL. También lo tiene Vida. No exageres.

ELLA. Siempre es "no exageres".

ÉL. No quería decir eso.

ELLA. Da igual. Quieres morir ahora porque te empodera, ¿he entendido bien?

ÉL. No he dicho eso.

ELLA. Está bastante claro.

ÉL. No, no tengo nada claro, ¿y si no vale la pena?

ELLA. ¿El qué?

ÉL. ¡Deja de hacerme preguntas!

ELLA. Deja de pedirme respuestas que no tengo.

Han cambiado las tornas.

ÉL. No sé si vale la pena seguir huyendo. No va a terminar.

ELLA. No, probablemente no.

ÉL. No podemos huir.

ELLA. La única huida es hacia delante.

El día ha avanzado, luces tenues marcan el principio de la noche. El ocaso de las ideas.

ÉL. Esto no iba a ser así.
ELLA. Nadie dijo que fuera a ser distinto.
ÉL. No nos merecemos esto.
ELLA. ¿Seguro?
ÉL. Calla.
ELLA. No me mandes a callar.
ÉL. Perdona.
ELLA. Llevas razón.
ÉL. ¿Qué?
ELLA. No* merecemos esto.
ÉL. ¿Has dicho "no merecemos" o "nos merecemos"?
ELLA. Sí.

*ELLA puede querer decir No, Nos, las dos o ninguna. Debe sonar ambiguo.

ESCENA 8

PASADO. No hemos enterrado suficientes reyes. Nunca se entierran suficientes reyes, por eso siempre sobra espacio en los mausoleos. Los construyen grandes para que quepan sus egos rebosantes del orgullo de no haber luchado nunca por nada. Pero seremos nosotros los vagos en los libros. Más reyes y menos artistas enterrados, eso es lo que hace falta. Más egos pinchados, más mármol vacío en los mausoleos que honran el despilfarro, menos monumentos en una cuneta de autovía nacional. Menos margaritas de plástico atadas a señales de tráfico. Más girasoles y menos ciegos.

PRESENTE. ¿Cómo se pone una lápida en una cuneta? Ahí no agarran ni las ortigas.

PASADO. No sé en qué están pensando.

PRESENTE. No sé en qué estaban pensando. Como si hiciera falta refrescar ideas, como si se hubieran ido en algún momento. Dios nos libre de que este país laico nos considere iguales. Sororidad, pero sólo entre la misma clase. Gracias a Dios que vivimos en un país laico. Nos está quedando la historia que envidiarán guionistas de telenovelas y dramaturgas que se lanzan en brazos del posmodernismo buscando el consuelo que Aristóteles noprocura.

PASADO. Y cómo le explico esto a los historiadores primogénitos de la generacióndelosdesastres,alosqueopositanytienenquememorizar fechas de una derrota inevitable; a mis hijos. Se les perdió la idea por el camino, diremos.

PRESENTE. Os llenásteis la boca de "Todos los extremos son malos" y quisisteis evitar la guerra; pero teniendo el mango de la espada elegisteis agarrarla de la punta. No es la primera vez que nos vemos en esta. Ni la segunda, ni será la tercera.

PASADO. Fuerza. A ver cómo le explico a mis hijos que parecía buena.Fuerza.

PRESENTE. Lo peor es que sabíamos cómo iba a acabar.

ELLA. Abrázame.

ÉL. No he dejado de abrazarte.

ELLA. Pues no dejes.

ÉL. Antes se acabaría la canción.

Vuelven las sirenas, ya no pueden hacerles daño. Las acompañan con sus voces, con ternura, como una nana.

ELLA. Es el momento.

ÉL. Sí.

ELLA. No hace falta manchar el momento con palabras.

ÉL. Pues deja de hablar.

ELLA. No me mandes a callar.

ÉL. Ha sido un tributo. Memoria histórica. *(Silencio).* ¿Qué pasa ahora?

ELLA. Ahora es cuando saltamos.

ÉL. Ya me duele.

ELLA. Todavía no hemos saltado.

ÉL. Cada minuto sin saltar duele más que el salto.

AMBOS. Abrázame.

ÉL. No me sueltes.

ELLA. Antes se acabará la canción.

Tiemblan juntos. Toman impulso, suben al muro. Saltan. Oscuro.

PASADO. Tengo que irme.

PRESENTE. Espera. Quiero recordarte.

PASADO. Me olvidarás.

PRESENTE. No. Hablaré de ti a todo el mundo.

PASADO. Nadie te escuchará. Te acordarás de mí cuando sea tarde.

PRESENTE. No.

PASADO. Y, algún día, el hijo de otra persona te dirá lo mismo. Adiós.

PRESENTE. No, espera, cuéntame más cosas, no me dejes en el...

PASADO *a oscuras.* PRESENTE *a solas. Oscuridad.*

ESCENA 9

Vuelve la luz.

ÉL. No nos merecemos esto.
ELLA. Vámonos.
ÉL. ¿Y qué dejamos atrás?
ELLA. Vacío. Una partida a medias. Un... ¿te terminaste el cómic?
ÉL. No.
ELLA. Una pregunta sin respuesta.
ÉL. Muchas, en realidad.
ELLA. ¿Qué más necesitas?
ÉL. ¿No le vamos a dejar nada a los otros? ¿A quien venga detrás?
ELLA. ¿Algo como qué?
ÉL. Una pista, una guía.
ELLA. No tenemos nada de eso. Ni siquiera para nosotros. No podemos crear una guía de mentira para consolar a alguien que tal vez no llegue nunca.
ÉL. Podríamos, si queremos. Podríamos iniciar un credo.
ELLA. No somos dioses, ni profetas ni historiadores; nunca lo hemos sido. Siempre hemos sido...
ÉL. Piezas.
ELLA. Y las piezas no dejan nada atrás.
ÉL. Son lo que queda detrás. Pero nosotros vamos a saltar.
ELLA. ¿Vamos a saltar?
ÉL. Tal vez.
ELLA. ¿Ahora?
ÉL. No.
ELLA. ¿No?
ÉL. Abrázame. *(Lo abraza).* Quiero querer.
ELLA. Quiero que quieras.
ÉL. Quiero no tener que querer.
ELLA. Quisiera que no hiciera falta querer.
ÉL. Te quiero.

ELLA. Abrázame.

ÉL. No he dejado de abrazarte.

ELLA. Pues no dejes.

ÉL. Antes se acabaría la canción.

Vuelven las sirenas, ya no pueden hacerles daño. Las acompañan con sus voces, con ternura, como una nana.

ELLA. Es el momento.

ÉL. Sí.

ELLA. No hace falta manchar el momento con palabras.

ÉL. Pues deja de hablar.

ELLA. No me mandes a callar.

ÉL. Ha sido un tributo. Memoria histórica. *(Silencio).* ¿Qué pasa ahora?

ELLA. Ahora es cuando saltamos.

ÉL. Ya me duele.

ELLA. Todavía no hemos saltado.

ÉL. Cada minuto sin saltar duele más que el salto.

AMBOS. Abrázame.

ÉL. No me sueltes.

ELLA. Antes se acabará la canción.

Tiemblan juntos. Toman impulso, suben al muro. Saltan. Oscuro.

LOS INFLAMABLES

Ruth Rubio

A la memoria de Chomin, para darle el gusto de seguir viajando en este papel.
A Paula, camarada en la décima – y en todas – las provincias.

«¡Gracias por no reproducirte!
¡Vive mucho y extínguete!»
Eslóganes de la VHEMT (Movimiento por la Extinción Humana
Voluntaria)

«mejor que ambos es el que nunca ha nacido,
que no ha visto el mal que se hace debajo del sol»
Eclesiastés 4: 3

PERSONAJES

DOMINGO/el charnego
NEUS/La mujer que parió nieve
LESTER/líder del Movimiento por la
Extinción Humana Voluntaria
ABRIL/científica y mujer de LESTER
MONÓLOGO/ experto en monos

Un cuarto blanco y aséptico. Podría ser una sala de espera pero es un lugar del futuro que aún no tiene nombre. Un joven de unos treinta años deambula despacio y con un leve dolor en la ingle, es en sí mismo un yo coral. El chico comienza a hablar como un caudal, un yo múltiple compuesto por todas las voces del foro. Hasta que desemboca en una unidad de hombre: LESTER.

LESTER. Descansen en paz tus soldaditos,
¿es reversible?,
¿seguirás sintiendo lo mismo?,
cuando me desperté, el novio de mi novia me había hecho regalos,
¿me pondrán problemas por ser joven?
Todo el quirófano lleno de tías.
A mí no me toca los huevos ni Dios.
Mira, ahora es transparente.
¡Viva el agua de coco!
¿Es verdad que tienes que pajearte a diario durante un mes?,
espero que tu mano no se quede embarazada.
De paso hazte una lobotomía.
Hay que purgar los conductos diferentes.
Querrás decir de-ferentes.
¿Cuál es el motivo?
Hincharme a follar sin miedo a las larvas.
¿Qué tal, eunuco?
Me gusta que muera conmigo esta dinastía.
A mí se me hizo una infección en el punto del derecho, pero drené el pus tras anestesiar la zona. Cura con Betadine. Lo conseguí resolver,
menos mal,
porque si me lo tengo que drenar con bisturí, me da algo.
Soy médico.
Por eso me atrevo a hacerme algunas cosas.
¿Bisturí eléctrico o bisturí normal?
Cantar como Farinelli.

Podría ser reversible.

En el Teatro Real.

Llevo dos semanas sin escupir veneno.

¡A la guerra no se va sin balas!

A un amigo se la hicieron fatal, le salieron niños negros.

Más castrado y más gordo, medios hombres.

¿No tener hijos no es como un poco egoísta?

El hombre sacarino es el que endulza y no engorda.

Castrada está tu cabeza.

Si yo lo que quiero es un perro.

Así nos va. Europeos con perros mientras ellos vienen a tener hijos.

Espera unos años, todavía eres joven.

¿Qué *ellos*?

Congela al batallón por si te arrepientes.

Lo tengo claro.

¿Has germinado ya a alguien? Que la vida da muchas vueltas.

La ausencia de instinto paternal es una forma elegante que tiene la naturaleza de destruir linajes inferiores.

Wow.

A callar todo *cristo* que va a hablar Lester.

No es personal, esto es el foro, *shur*.

Dijo que no me operaba alegando motivos éticos.

¿Hay alguna plataforma de sacarinos? Tema serio.

Que no operaba a los que no tenemos descendencia.

¿Cómo te abren, qué te abren?

Hay que joderse.

Lester se ha hecho la vasectomía.

Vasertoamía, decía tu madre.

Cortar y ligar.

Pues lástima que no lo hiciera tu padre antes de que nacieras.

Este mensaje no está visible porque @tremendOliver está en tu lista de ignorados.

Lester sale del hospital tras veinte minutos de intervención.

No se lo siente por la anestesia.

¿Cómo sería vivir sin el falo del mundo?
Los conductos incorruptos de Lester U. Knight flotando en el bote de muestras que se lleva de recuerdo.
Porque no es una vasectomía cualquiera.
Es un símbolo.
Se lo dedico a todos los hijos que no tendré.
Se lo dedico a un mundo nuevo.
El hombre sacarino.
El hombre descafeinado.
El hombre que tiene otros planes para la Humanidad.

2

DOMINGO *camina por un monte escarpado de la Sierra de Albarracín. Lleva un macuto y el color de sus zapatos no se diferencia del de la tierra. En un repecho de la senda, se encuentra con el* MONÓLOGO.

DOMINGO. ¿A que no sabe usted cómo me llamo?
MONÓLOGO. ¿Usted también se ha perdido?
DOMINGO. Solo desviado.
MONÓLOGO. ¿Queda algún tren cerca?
DOMINGO. ¿También va a Cataluña?
MONÓLOGO. Voy a Oregón.
DOMINGO. Esto es Teruel. Ya estamos en Aragón.
MONÓLOGO. No. Yo voy a Oregón.
DOMINGO. De geografía sé.
MONÓLOGO. Claramente esto no es Oregón.
DOMINGO. ¿A qué parte exactamente?
MONÓLOGO. Portland.
DOMINGO. Eso está en Huesca.
MONÓLOGO. ¿La capital mundial?
DOMINGO. ¿Es usted médico?
MONÓLOGO. Más o menos.

DOMINGO. ¿Me puede mirar el pie? Creo que se me ha metido tierra dentro de la piel.

DOMINGO *se quita el zapato y muestra sus pies a* MONÓLOGO.

MONÓLOGO. Bien no pinta.
DOMINGO. Es que he cogido el camino largo.
MONÓLOGO. ¿Cuántos días lleva caminando?
DOMINGO. Desde Valverde del Camino.
MONÓLOGO. ¿Le duele?
DOMINGO. Provincia de Huelva.
MONÓLOGO. Nunca he visto cosa igual.
DOMINGO. Yo tampoco. Al final sí que existe.
MONÓLOGO. ¿Necesita dinero para coger un tren?
DOMINGO. Ah, no. Me sale gratis.
MONÓLOGO. ¿Por qué se hace esto?
DOMINGO. Mi padre es ferroviario en Calañas.
MONÓLOGO. ¿Ha pensado alguna vez en la muerte?
DOMINGO. Siempre.
MONÓLOGO. ¿Siempre o desde que salió de Huelva?
DOMINGO. Onubense tirando a charnego.
MONÓLOGO. Yo soy experto en monos.
DOMINGO. Busco una vida charnega, la vida mejor.
MONÓLOGO. Yo no.
DOMINGO. ¿Piensa usted en la muerte?
MONÓLOGO. Nunca.
DOMINGO. Muy mal.
MONÓLOGO. Ya.
DOMINGO. ¿Le gusta el chorizo de ciervo?
MONÓLOGO. A veces.

DOMINGO *saca un bocadillo de la mochila y lo parte en dos. Le da la mitad a* MONÓLOGO. MONÓLOGO *espera, disimuladamente, a que* DOMINGO *dé un bocado primero.*

MONÓLOGO. Tome antibióticos.

DOMINGO. ¿Para el amargor del ciervo?

MONÓLOGO. Para la infección de los pies.

DOMINGO. Dentro de un año me acordaré de este momento.

MONÓLOGO. Dentro de un año conocerá usted a Neus.

DOMINGO. Dentro de un año llegará usted a Portland, provincia de Huesca.

MONÓLOGO. Dentro de un año verá usted la nieve por primera vez.

DOMINGO. Dentro de cuarenta años tendré párkinson. Por eso voy caminando.

MONÓLOGO. Dentro de cuarenta años experimentaremos con monos con párkinson que reciben injertos de sus propias células para descubrir que la enfermedad remite.

DOMINGO. No sé qué dice pero hasta dentro de cuarenta años, entonces.

MONÓLOGO. Hasta dentro de cuarenta años, Domingo.

3

LESTER *posa junto a* ABRIL. *Entre ambos, sujetan el bote donde flotan los trozos de conductos incorruptos deferentes. Fogonazos de "flashes".* LESTER *se acerca al atril y* ABRIL *queda en segundo plano y no sabe muy bien qué hacer con el bote. Lo sujeta, finalmente, con la punta de los dedos y alejándolo de ella.*

LESTER. Soy Lester U. Knight. Pero olvidadlo cuanto antes porque Lester no es mi verdadero nombre. Porque mi nombre no importa. Porque formo parte de algo mucho más grande. El MEHV: Movimiento por la Extinción Humana Voluntaria. Apelo a una responsabilidad colectiva. Vive mucho y extínguete. Dejad de reproduciros. Si de verdad queréis ser padres, adoptad. ¿Sabéis la de niños sin familia que hay? ¿Por qué gestáis? Ya os lo digo yo. Por narcisismo. Por ver tu cara en otras caras. Por volcar tus proyectos no realizados en alguien que parece que tiene tu cara. Por ser un vampiro del éxito que tú no tuviste pero sí alguien con una cara parecida a la tuya. Y mientras tanto, el planeta cargando con tu narcisismo, con tu frustración, con una población que no deja de crecer en proporción geométrica. Es insostenible. Y todo, por una cuestión de narcisismo. Últimamente oigo hablar a la gente de la maternidad como una forma de militancia. ¿Quieres militar? Deja de tener hijos y adopta a un adolescente tullido de Siria. Vamos, *arremángate* y milita. Cuando hablo de extinción humana voluntaria no hablo de un suicidio colectivo. Hablo de abstenernos de reproducirnos. Hablo de un gesto de amor hacia el planeta. Vivir de forma dulce hasta el final, sin perpetuarnos, para causar una extinción gradual y voluntaria de la especie humana en pos del planeta y así evitar la degradación ambiental. Los científicos ya vienen advirtiendo: estamos en un punto de no retorno. Y es un deseo natural querer tener sexo. Pero querer tener hijos es un constructo del capital. ¿De verdad queréis traer niños al infierno? ¿Queréis parir hijos que hereden este mundo hundido? ¿Acaso traer a un hijo para que herede nuestras catástrofes no es una forma de abuso infantil? ¿Existe un crimen más silencioso y más atroz? Si de verdad somos la especie más inteligente del planeta, demostrémoslo. Sí. Tomemos partido: basta de nacimientos.

LESTER *mira a* ABRIL, *que está disociada, con la cabeza en otra parte.* LESTER *le hace un gesto para que levante el botecito con los conductos incorruptos.*

LESTER. Piensa local, actúa global. Hagamos un llamamiento a la vasectomía solidaria por decreto. La cadena de destrucción se detiene aquí. El virus de los humanos deja de propagarse conmigo, contigo. Gracias por no reproducirte. Vive mucho y extínguete.

Silencio.

LESTER. Abril, ¿quieres decir algo?

Pausa.

ABRIL. Decir que hay demasiados niños es como decir que hay demasiadas flores.

Pausa.

LESTER *le coge la mano y hace el amago de marcharse. Pero* ABRIL *se vuelve a acercar al micro.*

ABRIL. Lo que quiero decir, es que cuantos más niños hay, más flores morirán. Frente al capitalismo, antinatalismo.
LESTER. ¡Abajo el fascismo reproductivo!

ABRIL *levanta el bote con los restos de la vasectomía.* LESTER *coge a* ABRIL *por la cintura y la besa.*

4

DOMINGO *llega a algún lugar, descalzo, no se diferencian sus pies de la tierra.*

DOMINGO. Buenos días. ¿Cuál de todas es esta?
(...)
Andalusus, charnegos, castellanufos, los de abajo, esas gentes.
(...)
Sí. ¿Y a cuál de todas las cataluñas debo dirigirme? ¿A la de los vencedores? ¿A la de los vencidos? ¿A la de los que no son pero son? ¿A la de los que no saben pero saben?

(...)

Esos dan trabajo. Sí. Supongo que por eso estoy aquí. Mejor es ser pobre urbano que pobre rural.

(...)

¿Andar descalzos? Sí.

(...)

Emigrar en silencio también es una tradición andaluza. Lo seguirá siendo dentro de cuarenta años.

(...)

"Xarnegos fora!" "Aquí termina Cataluña". De la estación al Pabellón de las Misiones. Nos devolvían al sur pero luego nos reclamaban. Porque siempre hay un empresario dispuesto a pagar poco y siempre hay un charnego dispuesto a explotarse.

(...)

Supongo que puedo ser uno de esos. Un ciudadano moral, uno de los *altres catalans*.

(...)

Empieza usted mañana.

Estupendo.

Siempre he querido vivir en una barraca con vistas. Siempre he querido vivir en una villa olímpica que todavía no es porque siempre me ha gustado oler el esfuerzo de los hombres del futuro. ¿Es ahí donde la ciudad cambia de nombre?

(...)

Pero yo no soy judío.

Pero me gustan las estrellas.

(...)

¿Cuánto?

¿Cómo?

¿Es usted joven?

Sí.

¿Sabe usted de la tierra?

Cuidarla y lucharla.

¿Sabe usted de la otra tierra?

Mis pies son de tierra, soy tierra en mí mismo, ¿con eso vale?

¿Sabe usted masturbarse?

(...)

¿Perdón?

(...)

Sí, sé.

Pase a esa habitación, lávese las manos, deje una muestra en el frasco.

Pero/

Empieza usted mañana.

Mañana mismo lo sabrá todo de la otra tierra.

5

El salón de LESTER *y* ABRIL *es un estudio improvisado, con pancartas, recortes de periódicos y carteles colgando de las paredes de una forma nada estilizada. En una mesa pequeña y ordenada hay un microscopio con pantalla incorporada y unas muestras en placas de Petri que* ABRIL *manipula con guantes.* LESTER, *por otra parte, revisa un periódico y subraya sobre él. Tacha, toma notas en una libreta.*

Pausa larga.

LESTER. ¿Crees que la etimología de la palabra hijo merece un capítulo en el manifiesto?

ABRIL. ¿Lo crees tú?

LESTER. ¿Por qué te iba a preguntar si ya lo hubiera decidido?

ABRIL. ¿Me estás preguntando solo porque te da miedo el silencio?

Pausa.

LESTER. ¿Has pensado en un eslogan para el encuentro de Silverton?

ABRIL. ¿Has pensado que soy bióloga, no poeta?

LESTER. O no me entiendes o no me explico. ¿Has pensado que estamos ante la mayor acción filantrópica del mundo?

ABRIL. He pensado que podíamos adoptar un chimpancé.

LESTER. Para qué.

ABRIL. Para tu causa.

LESTER. Para *nuestra* causa.

ABRIL. Bueno.

LESTER. Ser un voluntario del Movimiento por la Extinción Humana Voluntaria es un estado mental, Abril. Esto no es un movimiento resultivista. Esto va de sembrar, de hacer pedagogía. No buscamos efectos inmediatos a corto plazo. No sería realista.

ABRIL. Te has hecho la vasectomía.

LESTER. Nos la *hemos* hecho.

ABRIL. Es un efecto inmediato de una idea.

LESTER. ¡Es un símbolo!

ABRIL. También lo es adoptar un chimpancé.

LESTER. ¿Un símbolo de qué?

ABRIL. Del antinatalismo. Como tu vasectomía. Predicar con el ejemplo.

LESTER. Basta con no tener niños para predicar con el ejemplo. O con adoptarlos.

ABRIL. Esto es distinto. No es solo la negación. Es negar y proponer. No quiero engendrar un hijo. Tampoco quiero adoptarlo. No quiero educar a un ser humano y transferirle mi ansiedad o mi hastío y que se convierta en un futuro mártir o verdugo de nuestra catástrofe. Quiero proponer una maternidad crítica y cuidar de los animales que heredarán el planeta. Quiero cuidarlos antes de dejar este mundo. Hacer un pacto de ternura con los que devolverán a Gaia a sus viejísimos días de gloria. Lo he pensado. Es un eufemismo. Quiero decir: lo he pensado, lo he efectuado.

LESTER. No te entiendo

ABRIL. He adoptado un chimpancé.

LESTER. ¿Qué?

ABRIL. Perdón, hemos adoptado un chimpancé.

LESTER. ¿Estás loca?

ABRIL. Viene de camino.

LESTER. ¿A nuestra casa?

ABRIL. Lo ha traído mi compañero de laboratorio para que cuidemos de él. Tiene dos meses y está vacunado. Os llevaréis bien. Es listo.

LESTER. ¡Fuera de mi casa!

ABRIL. Esta es nuestra casa. Y todo lo demás es tu vasectomía, la escritura de tu manifiesto pajillero, tus eslóganes de mierda, tu forma oronda y abstracta de defender tu gran causa con tal de no hacerte responsable de tu vida. El asco que me da tu forma de estar en el mundo es tal que prefiero dedicar mi vida a defender la causa trazando vínculos afectivos con un simio antes que con mi marido grandilocuente, mesiánico, líder de un movimiento mental en un puto foro donde lo escuchan unos pocos miles de tarados igual de acomplejados. ¿La causa? Por supuesto que la defiendo. Estas son tus formas. Las mías son estas y no pienso tener otras. El chimpancé se queda.

LESTER. Esta es otras de tus estrategias para llamar la atención. Se te ha terminado de ir la cabeza.

ABRIL. Es normal que no lo entiendas, Lester. Estás ante la mayor acción filantrópica del mundo.

LESTER *se marcha dando un portazo.*

6

DOMINGO. No puedo concentrarme con el frío.

NEUS. El frío es psicológico.

DOMINGO. Contigo ahí mirando tampoco puedo concentrarme.

NEUS. ¿Es tu primer día?

DOMINGO. Tengo mis dudas de que esto funcione. ¿Llevas mucho tiempo trabajando aquí?

NEUS. Con las mujeres es distinto, no venimos todos los días.

DOMINGO. Qué cara.

NEUS. ¿Tú crees?

NEUS *se levanta la camiseta y le enseña a domingo todo el vientre lleno de cicatrices. Algunas viejas y otras recientes.* DOMINGO *no sabe qué decir.*

NEUS. Soy Neus.

DOMINGO. Pero entonces no eres una de los *altres*. Eres una de los suyos.

NEUS. Pero yo soy de las vencidas.

DOMINGO. Ah. Eres de los tuyos.

NEUS. Sí.

DOMINGO. Entonces supongo que somos los mismos otros.

NEUS. Sí.

DOMINGO. ¿Y tú qué haces aquí? ¿No te llevan a la habitación?

NEUS. Antes venía a plantar óvulos.

DOMINGO. ¿Duele?

NEUS. Mucho.

DOMINGO. A mí no.

NEUS. Ya.

DOMINGO. Lo siento.

NEUS. Hoy vengo a romper aguas. También nos traen aquí.

DOMINGO. ¿Vas a parir, ahora mismo?

NEUS. Sí. Pero no es un niño.

DOMINGO. ¿Cómo sabes si es niño o niña?

NEUS. Sé que no es humano.

DOMINGO. Eso no es posible.

NEUS. Sé que no es humano porque no he sentido náuseas durante el embarazo. Las náuseas de las mujeres embarazadas son la reacción del feto a la vida inminente. Y este no es el caso. Lo que sea que llevo dentro, es algo que sí quiere nacer.

DOMINGO. Yo soy Domingo. Charnego y barraquista. Encantado. Y ahora no me mires, ¿vale? No puedo concentrarme.

NEUS. ¿Te ayudo?

DOMINGO. ¡No!

NEUS *se ríe y se aparte de* DOMINGO. *Se pone en cuclillas y empuja.* DOMINGO *empieza a masturbarse.*

DOMINGO. Un sueldo normalito. Y un sobresueldo en especie, para impedir los mareos y desmayos durante la jornada. Ocho horas al día, jornada completa, derramándonos ahí, sobre la tierra yerma. Dicen que es la forma de traer el suelo de vuelta pero yo lo veo igual. El abono de la vida, lo llaman. Ya no saben qué hacer para invocar los tiempos de cosecha. Nosotros, en fila. Para nosotros ya es tan normal como poner ladrillos. Y podemos estar ahí, cascándonosla, muertos de cintura para abajo mientras hablamos de los precios del mercado, de la inflación, del gol de Macario... Ellas son más que nosotros porque vienen menos. A ellas las intervienen en el cuartillo. Y algunas... Algunas ni salen por donde entraron. Con los pies por delante. Se van para el otro barrio en silencio. Migrantes a su manera. Por lo menos están dormidas.

NEUS *grita de dolor.*

7

ABRIL. Haber hecho una copia de seguridad.

LESTER. No se puede hacer una copia de seguridad de una libreta.

ABRIL. Cuanta menos aprobación le das, más te busca. Es agotador.

LESTER. ¿En serio, Abril? ¿Que me lo digas tú? Es un chimpancé, no sabe ni lo que siente.

ABRIL. Hay todo un umbral por explorar. ¿Sabes que hay elefantes que tienen sentimiento de venganza? ¿Sabes que hay loros comunistas?

LESTER. Te escucho hablar con él por las noches. ¿De qué habláis? ¿Le has puesto mi nombre?

ABRIL. ¿Por qué iba a ponerle tu nombre a un chimpancé?

LESTER. Por lo mismo que la gente pone nombre a sus hijos.

ABRIL. No quiero. Nombrar las cosas es poseerlas.

LESTER. Tú tienes un nombre, yo tengo un nombre.

ABRIL. Tú no te llamas Lester.

LESTER. Por una causa.

ABRIL. De todas las cosas, mi nombre es lo que menos he elegido. Mi nombre y tu causa.

LESTER. Todas las cosas y todas las causas necesitan un nombre. Nombrarnos es reconocernos. Todas las revoluciones necesitan palabras. Los claveles fueron primero. Luego la de la seda, la del cedro, la revolución azul, transiciones no planificadas con nombres de flores y colores. La revolución de abril, la amarilla. El amarillo es el color del cambio, como en los semáforos.

ABRIL. No quiero condenar a nuestro hijo con un nombre. Nombrar es tan criminal como traer hijos al mundo. Y estoy agotada de tener que ponerle nombre a todo. Estoy agotada de tener que tener una opinión para todo. Si algún día quiere un nombre, que él lo elija.

LESTER. Abril, es un chimpancé, nunca sabrá que tiene un nombre.

Pausa.

ABRIL. ¿Te has fijado? Todo lo que merece la pena tienen que ver con cuando no se nombra.

LESTER. Abril/

ABRIL. Como la intimidad.

LESTER. Escúchame. Yo estoy dispuesto a intentarlo.

Pausa.

LESTER. Uno no puede parar cuando ama una idea.

ABRIL. Te entiendo perfectamente.

8

DOMINGO *y* NEUS, *sobre una montaña de nieve a las afueras de Barcelona.*

DOMINGO. ¿Cómo vas a llamarla?

NEUS. No es mía.

DOMINGO. Nunca había visto la nieve.

NEUS. Nombrar las cosas es poseerlas.

DOMINGO *hunde sus manos en la nieve.*

DOMINGO. Nunca había visto a una mujer dar a luz. Y mucho menos, a una mujer dando a luz a una montaña de nieve.

NEUS. Sabía que no era humano.

DOMINGO. ¿Pasa mucho?

NEUS. Sí. Aquí hay mucha gente que nunca ha visto la nieve.

DOMINGO. No. Que si pasa mucho que las mujeres aquí paran... cosas.

NEUS. Si pudieras elegir, ¿qué parirías tú?

DOMINGO. Eh...

NEUS. Cuidado con lo que dices.

DOMINGO. Creo que me pariría a mí mismo.

NEUS. Bien.

Pausa.

DOMINGO. Para nacer en otro lugar, supongo.

NEUS. ¿Qué es ese olor?

DOMINGO. Es un mar de hierba.

NEUS. Es un mar de mierda.

DOMINGO. Ahora nos darán vacaciones.

NEUS. ¿Por qué?

DOMINGO. Tu parto ha congelado los campos.

NEUS. ¿Irás a casa en vacaciones?

DOMINGO. Mi casa está aquí. Todavía no. Pero está aquí.

NEUS. ¿Podrás entonces cuidar de la nieve?

DOMINGO. Nunca he cuidado de una.

NEUS. Puedes hacerte una casa con ella. Así se sentirá acompañada.

DOMINGO. Es que tengo otras cosas que hacer.

NEUS. ¿Cosas más importantes que cuidar de la nieve?

DOMINGO. Sí. Todas las cosas para las que he venido. Trabajar, formar una familia con una mujer para que nuestros hijos la deshagan y ellos formen otras familias que luego también desharán, echar tripa para luego desecharla, tener párkinson antes de quedarme quieto definitivamente, ver los partidos del Betis para luego olvidar que los he visto porque sufro mucho, volver a nacer aquí para tener aquí un sitio donde caerme muerto y ya.

NEUS. ¿Te cuento un secreto?

DOMINGO. Depende.

NEUS. Cuando la nieve muera, tendremos cientos de hijos.

DOMINGO. ¿Tú y yo?

NEUS. Todos con todos.

DOMINGO. ¿Y qué haremos con ellos?

NEUS. La pregunta es qué harán ellos con nosotros.

DOMINGO. ¿Qué harán?

NEUS. Yo no estaré aquí para verlo. Tengo que emigrar.

DOMINGO. No puede ser. Eso es una tradición andaluza.

NEUS. Es también la tradición de los vencidos.

DOMINGO. ¿Me vencerán?

NEUS. No. Porque sabes de la tierra.

DOMINGO. ¿Qué sabré yo de la tierra?

NEUS. Cuidarla y lucharla. Tanto como para convencer a un ejército de niños.

9

ABRIL. Antes de comer me ofrece. Siempre. No estoy acostumbrada a ese decoro innato. Él le da sentido a compartir la comida. De hecho, alguna vez se ha negado a comer solo. No genera vínculos ni apego con lo material y eso lo hace más libre. Podrá morirse de hambre, pero no de pena, no de envidia, no de codicia. Hoy ha machacado un insecto y me lo ha puesto en el pecho. Esa es la empatía que yo necesito. La de quien trata de cuidar la herida antes de que nazca. No necesita pelearse con el lenguaje, no es esclavo de la palabra. Él te mira y ya sabe. Ahí tendrás una herida. Aquí estaré para mirarla de frente. Él también se aburre y para eso ha inventado el juego. Pero son distintos a los nuestros. Son juegos en los que nadie gana. El fin es el juego en sí mismo. Nunca podríamos entenderlo. Lo más parecido que tenemos los humanos a los juegos sin objetivo es el paseo. O el sexo. Pero al final todo lo acabamos pervirtiendo. Salgo a pasear y en cuento salgo hago un recado para sentir que no caminé en vano. Me pongo a follar y tengo que llegar al orgasmo para sentir que no tuve sexo en vano. Él no. Juega por jugar. No es resultivista. Él sabe sonreír y piensa que piensa. Quiero decir, es reflexivo sobre sus propios pensamientos. Él sabe que hay cosas que desconoce y me pregunta apuntando a las cosas con el dedo. A veces no hay explicación posible, como cuando me señaló el dinero. Y al contrario que nosotros, él no se frustra. Lo que no tiene explicación, simplemente, deja de interesarle. Es justo y moral. Y tiene memoria numérica. Hizo la guerra pero, una vez la aprendió, pero dejó de hacerla. Cultiva la amistad, me elige como su camarada a la que cuidar. Tiene mejor memoria a corto plazo que nosotros. Ha retenido mis gestos mientras le hablaba y ha repetido la secuencia. No tiene una visión utilitarista del amor, muestra afecto de forma aleatoria porque considera que eso es más justo que el pacto, que la transacción de deseo. Él es tan perfecto que me siento pequeña a su lado. Porque no quiero ser humana, porque quiero dedicar lo que me queda de vida a desaprender la humanidad, a buscar un final mejor que la extinción, mirarlo a él y atreverme a pensar de forma divergente. Lo primero será renunciar a las cosas, renunciar a tener nombre, renunciar a mi especie. Después, aprenderlo todo de él y sus similares, trazar con los chimpancés un plan en el que solo soy un eslabón más. Un plan inhumano, en el único y el mejor sentido de la palabra, un plan sin nosotros, un plan para la posthumanidad.

10

Un pinar a medias en la Sierra de Albarracín. Como si una tormenta hubiera arrancado de cuajo los árboles. NEUS *va caminando y se encuentra con* MONÓLOGO, *que mira una brújula similar a un reloj de bolsillo.*

MONÓLOGO. ¿Es por aquí para ir a Portland, Oregón?
NEUS. Eso es más al norte.
MONÓLOGO. ¿En Huesca?
NEUS. En Huesca.

Pausa.

NEUS. No es un sitio que pille de paso. Si se va, se va.
MONÓLOGO. Sí. Voy de ir. Desde luego.
NEUS. ¿Algún familiar?
MONÓLOGO. Un paciente.

NEUS. Ya.

Pausa.

MONÓLOGO. ¿Y usted...?
NEUS. Yo emigro.
MONÓLOGO. ¿A dónde?
NEUS. Está rota esa brújula.
MONÓLOGO. No me diga.
NEUS. Sí. Porque yo vengo del noreste. Y ahí le marca el sur.
MONÓLOGO. Tiene sentido.
NEUS. ¿Está muy enfermo?
MONÓLOGO. No se preocupe. Es solo un resfriado.
NEUS. Su paciente.
MONÓLOGO. Ah. No. No todavía, quiero decir.
NEUS. ¿Es usted capaz de ver...?
MONÓLOGO. Sí.
NEUS. Pues no quiero saber.
MONÓLOGO. Está bien.

Pausa.

NEUS. Yo también. Veo.
MONÓLOGO. Lo sé.
NEUS. Claro.
MONÓLOGO. Yo sí quiero saber.
NEUS. Usted no quiere llegar a tiempo porque sabe que su paciente va a matar a alguien. Por eso viaja con una brújula rota.
MONÓLOGO. Pero eso sí lo sé.

Pausa.

NEUS. ¿De qué hablan entonces dos personas que ya lo saben todo la una sobre la otra?

MONÓLOGO. De todo lo que no va a ocurrir. Y del silencio.
NEUS. Claro.

Silencio.

NEUS *hace el amago de hablar. Pero no dice nada.*

NEUS. Tienes un silencio muy barroco y muy tostado.
MONÓLOGO. Puedes quedarte unos días, hasta que arregle la brújula.
NEUS. Me agradas. Y lo cierto es que disfrutaría de tu compañía por unas cuantas de décadas. Pero por algún motivo que no alcanzo a entender tengo que irme. Aun sabiendo que tampoco será mi sitio. Pero de todos los sitios que nunca lo serán, ese parece el más idóneo.
MONÓLOGO. Claro. Por eso vas al sur.
NEUS. Sí. A un sitio en el que nunca han visto la nieve.

11

El salón de LESTER *y* ABRIL. LESTER *arranca con violencia los carteles de las paredes.* ABRIL, *con una calma indecible, aguarda hasta que* LESTER *termina de ejecutar su ataque de rabia. Abatido, cae sobre su silla de oficina y contempla el paisaje interior.*

ABRIL. ¿Te sientes mejor?
LESTER. ¡Lo mato!
ABRIL. ¿No es un poco contradictorio con tu causa? ¿Matar a un animal?
LESTER. ¡Lo ha hecho por joder! ¡Quiere acabar conmigo!
ABRIL. No seasególatra. No es algo personal. Está biológicamente programado para la curiosidad.
LESTER. Ha sido premeditado, Abril. Lo has visto.
ABRIL. No me llames así.

LESTER. ¿Cómo?

ABRIL. A partir de hoy ya no tengo nombre.

LESTER. Me vais a volver loco... Tú. El chimpancé. Tengo que salir de aquí. Me voy de esta casa, me voy de esta vida. Nuestro proyecto no era esto, Abril. No sé cómo hemos llegado hasta aquí. De ser una pareja, un equipo, a vivir con un chimpancé que está experimentando conmigo.

ABRIL. ¿De verdad crees que él experimenta contigo?

LESTER. ¡Se ha bebido de un trago los restos de mi vasectomía! ¡Es un psicópata!

ABRIL. La psicopatía es la falta de empatía. Y él es profundamente empático.

LESTER. ¡Deja de llamarle él con ese tonito!

ABRIL. ¿Qué dices?

LESTER. ¡Deja de hablar del puto mono con ternura!

ABRIL. ¿Y qué si fuera así? ¿Y si de verdad él estuviera experimentando contigo? ¿No crees que estaría en su derecho, hombre moral? ¿Acaso no llevamos los humanos años experimentando con simios? Cuando te posea la paranoia agárrate a tu fe, a tu causa. Se trata de colaborar, ¿no? Aquí todos experimentan con todos.

LESTER. No te conozco.

ABRIL. Porque he dejado de ser un yo.

LESTER. ¡Aleja a esa bestia de mí!

ABRIL. La biología lleva siglos demostrándolo.

LESTER. ¡Abril, ayuda!

Todo se queda a oscuras, salvo un pequeño haz de vida que baña a LESTER. *Poco a poco irá apagándose durante el relato de* ABRIL.

ABRIL. Él se mete un dedo en la boca. Luego, lo posa sobre los labios de Lester. Un beso en diferido. Es su forma de expresar justicia. Aprieta sus pulgares con suavidad sobre la aorta. La exactitud es tal que solo puedo rendirme ante la belleza. Él hizo la guerra para dejar de hacerla, él encontró en la precisión un instrumento para la piedad. Él ha elegido hacerlo así porque la coartación de la aorta también está presente en el momento del nacimiento. Él quiere para Lester que se vaya de la misma forma en que llegó al mundo. En ese momento, soy consciente de que solo el propio cuerpo conduce a nuestra partida. Y ahí estaba él, con manos de santo. Una lección de vida y de muerte. Lester no lo hubiera entendido ni en mil vidas porque la causa del individuo produce cegueras. Yo renuncio a mi nombre, renuncio al yo, renuncio al cuerpo. Porque la biología lleva siglos demostrándolo: la colaboración entre especies es la única forma en que la vida evoluciona.

La luz se apaga sobre LESTER, *que se evapora. Aparentemente apurado llega el* MONÓLOGO, *que contempla la estampa.*

MONÓLOGO. Sabiéndolo y sintiéndolo mucho, llego tarde.

12

En la cima de la montaña de nieve, DOMINGO *coloca una piedra. Sobre esta, otra. Y así hasta que construye una pared. Y luego, otra. Y así hasta que construirá una peña. "Peña" entendido como un lugar para un grupo de amigos o camaradas.*

DOMINGO. Es aquí, entonces, donde la ciudad cambia de nombre. Una barraca con vistas al mar de hierba, un mar de sudor y de huesos golpeando el cráneo hinchado. El mar de gritos de alegría y de furia, los cánticos del futuro reventando como espuma en la garganta. *Luz en la mañana y en la noche quejío y quiebro.* Aquí te estaremos esperando, entonando los himnos de la novena provincia. Aquí estamos todos apiñados como balas de cañón. Como el césped agotado que crece en la nieve rota. Una peña verdiblanca. Ahora, ahora, ahora. Ahora sí. Ahora tengo un lugar donde extinguirme.

13

ABRIL. No me presento porque no tengo nombre.
MONÓLOGO. Yo tampoco.
ABRIL. Ah.
MONÓLOGO. Soy el monólogo.
ABRIL. Querrá decir primatólogo.
MONÓLOGO. No. Soy monólogo. Experto en monos.

Pausa.

ABRIL. Habla usted muy poco para ser un monólogo.
MONÓLOGO. Son otros tiempos ahora. Puedes tutearme, también.
ABRIL. Siento vergüenza del fracaso colectivo. Siento vergüenza de legitimar el sistema con cada uno de mis actos. Por eso he empezado quitándome el nombre. ¿Tú por qué lo has hecho?
MONÓLOGO. Simplemente lo he olvidado.
ABRIL. ¿Es eso posible?
MONÓLOGO. Con mucho esfuerzo, sí.
ABRIL. Es admirable.
MONÓLOGO. El chimpancé está perfectamente sano. Creo que está preparado para unirse a nuestra causa.
ABRIL. ¿Nuestra?
MONÓLOGO. Desde luego. Llevo años esperando a este nosotros. La colaboración entre especies. Este es el espíritu de los tiempos.
ABRIL. Si tuviera que definir cómo es este tiempo que vivimos, sería algo así: todo es incierto, todo es posible. Estoy orgullosa de nuestra capacidad de adaptación. Aprendemos rápido. Y no hablo en términos de productividad. Hablo de aprender a querer, aprender a cuidar, aprender a pensar desde el otro. Y no desde otro humano, sino desde otra especie. Cuando él me mira, puedo mirarme desde sus ojos. Entonces cambio el gesto, cambia

mi necesidad, cambio hasta la forma de respirar. Trato de hacerlo más despacio y más fino, no acaparando todo el aire. ¿Te pasa a ti también? ¿Tú también estás cansando de que cuando se habla de nobleza, de ternura, de piedad, de lo esencialmente bueno se hable en términos de humanidad? Tratar a alguien con humanidad... ¿Habrá algo más terrible que tratar a alguien con humanidad? A veces pienso que un cruce entre humanos y chimpancés sería viable. Repoblar la tierra recombinando nuestros genes. Un humancé. Pero sigue siendo un pensamiento humanista y torpe. Y los genes humanos acabarían sometiendo a los otros de forma cruel. No. Hay que pensar más allá. El humancé no es la respuesta. Además, serían quimeras estériles, como las mulas. Hay que volver al origen. Juntarnos un grupo de expertos. Personas y monos. Experimentar los unos con los otros. Tirar de los hilos genéticos hasta llegar al último ancestro común. El momento en el que éramos uno, cuando aún no había división Pan-Homo. Recrearlo en nuestros laboratorios. Criarlos hasta que sean suficientes como para hacerse cargo del mundo y, entonces sí, marcharnos. No podemos abogar por una extinción voluntaria de la Humanidad e irnos sin más. No sería justo, no sería responsable. Y si la respuesta no está en ese último ancestro común, seguiríamos buscando. Entonces haríamos el árbol genealógico de toda la vida en la Tierra hasta llegar a LUCA[1]: el último antepasado común universal. Y una vez estemos allí, reset. La vida podría empezar de nuevo. Y sería mejor porque sería sin nosotros. Podríamos extinguirnos en paz. ¿Qué piensas?

MONÓLOGO. ¿Como monólogo? Ha estado bien.

ABRIL *le da la mano a* MONÓLOGO. *Juntos miran al frente, ligeramente arriba y a la izquierda, justo donde está ubicado el futuro.*

MONÓLOGO. Todo es incierto y todo es posible.

---

[1]   Last Universal Common Ancestor.

14

Un gran charco de nieve derretida. La peña verdiblanca, antes en la cima de la montaña, asoma inclinada sobre aquella tierra que antes era yerma. DOMINGO, más viejo y más hinchado, sale por la puerta de la peña. Al otro lado del cercado, MONÓLOGO – exactamente igual que hace cuarenta años – saluda con un gesto a DOMINGO.

MONÓLOGO. Con el deshielo vuelve a asomar aquella tierra que fue. La de los andalusus, los castellanufos, los de abajo, esas gentes... La misma tierra estéril en la que los campesinos charnegos trabajaban depositando su semen. Bajo la nieve derretida también asoma el cuartillo de extracción de óvulos. Intacto en la puerta, el zapato de alguna mujer que salió con los pies por delante, como si acabara de ocurrir. Todo está como el primer día salvo la tierra. Domingo mira el suelo labrado con espanto. De los surcos asoman cabecitas, como frutos inquietos. Dentro de cinco minutos empezará a temblarle el pulso para siempre. Más de cerca. No son frutos, ¿o sí lo son? Tras cuarenta años de faenar la tierra, la montaña de nieve ha conservado la siembra hasta hoy, que ha estallado. Toda una pradera de niños brotando, apiñados como balas de cañón. Domingo toca una de las cabecitas porque el tacto es el más fiel de sus sentidos. Y es parecido a la pelusilla de los melocotones. Los recién florecidos lloran bajito, como pidiendo perdón por nacer. Domingo se remanga, no sabe muy bien qué hacer con las manos. Trata de recolectar al primer bebé con delicadeza, le sopla en la cara. Tiene la boca llena de arena y aún está verde. Después, el primer temblor.

DOMINGO. Decir que hay demasiadas criaturas sería como decir que hay demasiadas flores. De la tierra solo sé cuidarla y lucharla, tanto como para convencer a un ejército de niños.

DOMINGO empieza, definitivamente, a temblar como un pequeño seísmo.

DOMINGO. Me pregunto qué serán para ellos las raíces.

Oscuro.

SIMIENTE
Conferencia documental escénica

Verónica Rodríguez

INTRODUCCIÓN.

SIMIENTE. Una conferencia documental escénica en clave de comedia y drama. Es un paseo por el itinerario histórico, social y legislativo que hemos vivido en cuanto a igualdad y violencia de género en nuestro país desde la proclamación de la Constitución de 1978 hasta nuestros días. Es un recorrido por las raíces de una violencia simbólica que seguimos perpetuando a través de la educación, la cultura, el lenguaje, las relaciones profesionales, la publicidad...

Una obra escénica contemporánea para constatar los cambios todavía necesarios a nivel social y legislativo que nos quedan por hacer, para que el respeto a los derechos y libertades de las mujeres y niñas sea por fin una realidad. *Simiente* pone en valor cada una de esas semillas que han ido haciendo posible que la igualdad florezca, pero recordando la idea de que una sociedad avanzará realmente cuando todos sus miembros tengan los mismos derechos.

Esta obra fue estrenada el 17 de noviembre de 2022 en el Teatro Central de Sevilla. Escrita y dirigida por Verónica Rodríguez. Interpretada por Migue López y Bea Ortega. Producida por Producciones Dicotómica con la colaboración de Agencia Andaluza de Instituciones Culturales y financiada por el Pacto Andaluz contra la Violencia de Género.

Dedicada a todas las personas que han luchado y luchan por la igualdad. En especial a María Antonia González Barón, mi madre.

Verónica Rodríguez.

Espacio escénico vacío. Un micrófono en su respectivo pie conectado a una pedalera para voz se encuentra en el primer término del escenario, al lado derecho. Tres sillas en perfil en el lado izquierdo del escenario, al mismo nivel otras tres sillas en el lado derecho. En las sillas hay algunas prendas de vestir y objetos. Un linóleo de color blanco cubre el suelo. La palabra "Simiente" proyectada sobre el telón negro de fondo.

PRÓLOGO.

1INTÉRPRETE (hombre) y 2INTÉRPRETE (mujer) entran en escena desde el patio de butacas. Se sientan en una silla a cada lado del escenario. 1INTÉRPRETE en lado izquierdo, 2INTÉRPRETE en lado derecho. La palabra "Simiente" proyectada en el telón de fondo se desvanece. 1INTÉRPRETE se levanta, va hacia el micro. Golpea el micro varias veces contra su pecho, a la altura del corazón. Graba el sonido en la pedalera creando un loop de sonido de corazón. Deja el micro en el pie de micro y se dirige de nuevo al lado izquierdo y se sienta esta vez en la primera silla. El corazón siguesonando.

VOZ EN OFF 1INTÉRPRETE (HOMBRE). (*La definición se va proyectando en el telón de fondo acompañada del sonido de una máquina de escribir al tiempo que la escuchamos*). Simiente:

1. Grano contenido en el interior del fruto de una planta y que, puesto en las condiciones adecuadas, germina y da origen a una nueva planta de la mismaespecie.
2. Cosa que es causa u origen de otra, especialmente de un sentimiento o una cosainmaterial.

El corazón continúa sonando. La visual con la definición se mantiene proyectada.

VOZ EN OFF 2INTÉRPRETE (MUJER). *(Datos de la macroencuesta de violencia contra la mujer 2019 del Ministerio de Igualdad. Gobierno de España).*

Una de cada dos mujeres mayores de dieciséis años residentes en España han sufrido algún tipo de violencia por el hecho de ser mujer. Más de once millones seiscientas ochenta y ocho mil cuatrocientas once. (*1INTÉRPRETE y 2INTÉRPRETE se levantan de las sillas para cruzar repetidas veces el escenario colocando los objetos y prendas de vestir en sus lugares correspondientes mientras seguimos escuchando VOZ EN OFF 2INTÉRPRETE).*

El 14,2% de las mujeres en España han sufrido violencia física o sexual en pareja o expareja. Más de dos millones novecientas mil mujeres.

El 31,9% de las mujeres en España han sufrido violencia psicológica, de control o emocional. Más de seis millones quinientas diecisiete mil mujeres.

El 96,9% de las mujeres en España que han sufrido violencia física o sexual, también han sufrido violencia psicológica.

Un millón trescientas veintidós mil cincuenta y dos mujeres en España han sufrido violencia sexual fuera de la pareja. El 6,5% de las mujeres en España.

Más de setecientas tres mil niñas en España han sufrido violencia sexual antes de cumplir quince años.

Más de cuatrocientas cincuenta y tres mil trescientas setenta y una mujeres en España han sido violadas.

El 40, 4% de las mujeres en España han sufrido acoso sexual a lo largo de nuestra vida. Más de ocho millones doscientas cuarenta mil quinientas treinta y siete.

La violencia machista es una violencia estructural pero también es una violencia silenciada.

Tres de cada cuatro mujeres que sufren violencia por su pareja o expareja no buscan ayuda formal.

Cada cuatro horas se denuncia una violación en España.

Solo el 8% de las mujeres víctimas de violencia sexual fuera de la pareja denuncian ante la policía, la guardia civil o el juzgado.

El 35,4% de las mujeres que han sufrido violencia sexual no han denunciado porque eran menores, era una niña cuando sucedieron los hechos.

El 36,5% de las mujeres que han sufrido violación no han denunciado por el temor a no ser creídas.

El 90% de la violencia sexual no se denuncia.

La visual proyectada con la definición de simiente se desvanece al mismo tiempo que 2INTÉRPRETE *va hacia el micrófono. El corazón continúa sonando.* 2INTÉRPRETE *emite un "quejío", luego otro y otro. Va construyendo progresivamente un canto a varias voces, solo con la suya, grabando en la pedalera. Este canto suena a blues, a rock, a fuerza. Este canto en forma de rueda sigue sonando unido al corazón mientras ella toma el micro y va hacia el centro del escenario.*

2INTÉRPRETE. *(A través del micro. Al público).* Yo soy Ofelia.

Inmediatamente 1INTÉRPRETE *se levanta de la silla, va hacia ella y le quita el micrófono. Él se aparta, va hacia otra posición. Extiende el brazo con el micro indicándole que solo puede hablar cuando él lo permita. Ella va hacia el micro para intentar continuar.*

2INTÉRPRETE. La que el río no guardó. La mujer con la soga al cuello.

1INTÉRPRETE *no se lo pone fácil, la hace correr en forma de círculo si quiere que su voz sea escuchada. Ella continúa a toda costa con los versos del monólogo de Ofelia de Hamlet Machine de Heiner Müller.*

2INTÉRPRETE. La mujer con la soga al cuello. La mujer con la soga al cuello. ¡La mujer con la soga al cuello!

1INTÉRPRETE *se detiene. Vuelve a apartarle el micro y cada vez que ella intenta acercarse él se lo vuelve a apartar. Ella se acerca despacio agarra con fuerza el brazo de* 1INTÉRPRETE *y consigue arrebatarle el micro.*

2INTÉRPRETE. *(Al público a través del micro. Obligada por la situación a hablar con urgencia).* Yo soy Ofelia. La que el río no guardó. La mujer con la soga al cuello. La mujer con las venas rotas. (1INTÉRPRETE *sube a la espalda de ella dejando el peso muerto. Si ella quiere hablar tendrá que hacerlo soportando kilos en su espalda).* La mujer con la cabeza en el horno. Ayer dejé de matarme. *(Caminando con el peso a la espalda).* Yo estoy sola con mis pechos, mis muslos, mi regazo. Rompo las herramientas de mi cárcel, la silla, la mesa, la cama. Destruyo el campo de batalla que era mi hogar. (1INTÉRPRETE *baja de su espalda y la tira al suelo. Todo con una violencia muy sutil. Ella en el suelo a cuatro patas. Él se sienta encima de ella).* Arranco las puertas de cuajo para que entre el viento y el grito del mundo. Destrozo las ventanas. Prendo fuego a mi cárcel. Y tiro mi ropa al fuego. (1INTÉRPRETE *se levanta, va hacia la pedalera).* Desentierro de mi pecho el reloj que fue mi corazón. Yo soy Ofelia.

1INTÉRPRETE *corta la pedalera silenciándolo todo. El espacio sonoro y el micro de* 2INTÉRPRETE.

Silencio. Unas letras con sonido de máquina de escribir se proyectan en el telón de fondo con la siguiente definición:

HOMBRE.
Ser animado, racional,varón o mujer.
MUJER
Persona del sexo femenino.

Ambos miran la visual. 1INTÉRPRETE *abrocha los botones de su camisa.* 2INTÉRPRETE *deja el micrófono en el suelo, va hacia las sillas del lado derecho para beber un poco de agua y abrochar también su camisa.* 1INTÉRPRETE *coge el micro del suelo, lo coloca en su pie de micro. Va hacia el lado izquierdo, coge otro micrófono con un pie de micro y lo coloca en el primer término de escenario, lado izquierdo.*

ESCENA "La CartaMagna"

1INTÉRPRETE. (*Al público. A través del micro*). Hola. Buenas noches. (*Toma unos papeles. Al público*). Constitución Española. Aprobada por Las Cortes en sesiones plenarias del Congreso de los Diputados y del Senado celebradas el 31 de octubre de 1978. Ratificada por el pueblo español en referéndum de 6 de diciembre de 1978. Sancionada por Su Majestad el Rey ante Las Cortes el 27 de diciembre de 1978.

2INTÉRPRETE se ha colocado en el otro micrófono, al lado derecho de la escena.

1INTÉRPRETE. Artículo 1.

1. España se constituye en un Estado social y democrático de Derecho, que propugna como valores superiores de su ordenamiento jurídico la libertad, la justicia, la igualdad (*2INTÉRPRETE ríe sin querer. Pausa. 1INTÉRPRETE continúa*). Y el pluralismo político.
2. La soberanía nacional reside en el pueblo español, del que emanan los poderes del Estado.

Continuando con la lectura.

1INTÉRPRETE. Artículo 9.

1. Los ciudadanos y los poderes públicos están sujetos a la Constitución y al resto del ordenamiento jurídico.

2. Corresponde a los poderes públicos promover las condiciones para que la libertad y la igualdad del individuo y de los grupos en que se integra sean reales y efectivas... (*2INTÉRPRETE ríe sin querer. Pausa. Hace gesto pidiendo perdón a 1INTÉRPRETE y al público. 1INTÉRPRETE sigue leyendo*). Remover los obstáculos que impidan o dificulten su plenitud y facilitar la participación

de todos los ciudadanos en la vida política, económica, cultural y social. (2INTÉRPRETE *vuelve a reír y a pedir perdón)*. Artículo10.

3. La dignidad de la persona, los derechos inviolables que le son inherentes, el libre desarrollo de la personalidad, el respeto a la ley y a los derechos de los demás son fundamento del orden político y de la paz social. (2INTÉRPRETE *vuelve a reír)*.

2INTÉRPRETE. *(Al público)*. Perdón. Perdón.

1INTÉRPRETE. *(Incómodo)*. 2. Las normas relativas a los derechos fundamentales y a las libertades que la Constitución reconoce se interpretarán de conformidad con la Declaración Universal de Derechos Humanos (2INTÉRPRETE *rompe de nuevo a reír, se aleja del micro mientras* 1INTÉRPRETE *termina molesto el punto 2 del artículo 10)*. Y los tratados y acuerdos internacionales sobre las mismas materias ratificados por España. *(A* 2INTÉRPRETE). Por favor Beatriz. *(Al público)*. Lo siento.

2INTÉRPRETE ríe mucho lejos del micro. Respira. Se calma.

2INTÉRPRETE. *(A* 1INTÉRPRETE*)*. Ya. Ya. Perdón. *(Al público)*. Perdón. Perdón. Lo siento. Ya. Ya me he calmado. *(A* 1INTÉRPRETE*)* Sigue por favor.

1INTÉRPRETE. Artículo 15.

Todos tienen derecho a la vida y a la integridad física y moral, sin que, en ningún caso, puedan ser sometidos a tortura ni a penas o tratos inhumanos o degradantes.

2INTÉRPRETE rompe a reír, ríe mucho, ríe a carcajadas. Las risas se van superponiendo en un "loop" en la pedalera creando un espacio sonoro de risas y carcajadas. 1INTÉRPRETE *se siente muy incómodo. No sabe qué hacer. Las risas lo inundan todo. La visual proyectada con las definiciones hombre y mujer se desvanecen.* 2INTÉRPRETE *coge unas gafas color violeta y se las coloca a* 1INTÉRPRETE. *Él echa un vistazo a los papeles donde están escritos los artículos que ha leído y comienza también a reír a carcajadas. Am-*

bos van saliendo a las zonas de las sillas. Varias definiciones con sonidos de máquina de escribir fusionándose con el sonido de las risas se proyecta en el telón de fondo.

HOMBRE PÚBLICO
Hombre que tiene presencia e influjo en la vida social.
MUJER PÚBLICA
Prostituta.
HOMBRE DE LA CALLE
Persona normal y corriente.
MUJER DE LA CALLE
Prostituta que busca a sus clientes en la calle.
MUNDANO, NA
1. Perteneciente o relativo al mundo.
2. Dicho de una persona: Inclinada a los placeres y frivolidades de la vida social.
3. Perteneciente o relativo al gran mundo.
HOMBRE MUNDANO
No está en el diccionario
MUJER MUNDANA
Prostituta.
HOMBRE DE GOBIERNO
No está en el diccionario.
MUJER DE GOBIERNO
1. Mujer de su casa.
2. Criada que tenía a su cargo el gobierno económico de la casa.
SEXO
Condición orgánica, masculina o femenina, de los animales y las plantas.
SEXO FUERTE
Conjunto de los varones.
SEXO DÉBIL
Conjunto de las mujeres.

Cambio de iluminación. La proyección con el conjunto de defini-ciones se enlaza con una nueva proyección en "time lapse" de una avenida de noche con coches pasando. Las risas van desvaneciéndose progresivamente mientras el sonido de los coches y la noche se hace el protagonista.

II ACOSO CALLEJERO

Aparece 2INTÉRPRETE *delante de la visual calle exterior noche "time lapse" Viste unos vaqueros, una sudadera y lleva una mochila. Parece que está esperando el autobús. Sola. El espacio sonoro poco a poco se entremezcla con sonido de moscas. Está un poco inquieta. Coge las llaves de su mochila. Teniéndola en sus manos se siente más segura. Pasa el tiempo. En el fondo aparece la silueta de un hombre, el humo que sale de su boca inunda parte de la escena. Ella no lo ve. Un escalofrío recorre su cuerpo. Él se acerca lentamente por laespalda.*

VOZ EN OFF. *(Pensamiento interno de él).* Veo en ti una página a punto de emborronar.
Quiero vestirte de blanco desde la boca a las piernas:
imagino a mi antojo tu garganta y tus rodillas.
Cierro los ojos, me empeño, (La visual "time lapse" desaparece).
tus manos predicen un manso revoloteo.
Me dispongo a encalarte como a una casa sucia.

El sonido de un violonchelo acompaña la transición a la siguiente escena. Nota: Este poema es de Laura. R. García.

III. TECHO DE CRISTAL

Cambio de luz. Entra música. La electrónica junto con la voz de una diputada de Vox forma el tema. La letra son las declaraciones que dicha diputada realizó en una asamblea. "Porque empodera mucho coser botones. Porque empodera mucho coser botones, de verdad. Yo, por ejemplo, propondría como Vox que en vez de feminismo asignatura obligatoria, costura". Durante el tema musical 1INTÉRPRETE Y 2INTÉRPRETE *bailan una absurda coreografía mientras introducen dos sillas y un televisor en la escena.* 2INTÉRPRETE *lleva un casco en la cabeza. Ambos llevan narices de clown negras. Al final de la tonta coreografía van a ponerse de pie en las sillas* 1INTÉRPRETE *lo hace pero cuando* 2INTÉRPRETE *va a hacerlo suenan cristales rotos que cortan la música. Ella queda aturdida por el golpe.* 1INTÉRPRETE *saca un pequeño trompetín y lo hace sonar. Ella reacciona se levanta rápidamente de la silla y acerca el micrófono a* 1INTÉRPRETE *limpiándolo previamente.* 1INTÉRPRETE *de pie en la silla. Esta escena es en clave declown.*

1INTÉRPRETE. *(Probando el micro).* Sí, sí. Probando. La regla de proporcionalidad inversa. *(Saca una especie de pergamino blanco que al desenrollarlo es tan largo que llega al suelo. Lee al público. Durante la escena* 2INTÉRPRETE *irá acompañando el texto con un número pantomímico – clown*. La regla de proporcionalidad inversa afirma que en cualquier ocupación laboral prestigiada, cuanto más alto es el rango en el nivel de profesionalidad, menor presencia de mujeres.

Es una dinámica social. Son invisibles, no se les aplica el mismo dinero, no se les explica almundo...

Es una limitación oculta del ascenso de las mujeres dentro de las organizaciones sociales dominadas frecuentemente por hombres.

2INTÉRPRETE *limpia el televisor que está en la escena.*

1INTÉRPRETE. No existen leyes oficiales que prohíban y limiten, sin embargo, se observa claramente una desproporcionada limitación en la carrera laboral a las mujeres.

El ámbito de lo creativo es uno de los campos en el que las

mujeres están más excluidas y peor consideradas.

Porque el poder de legitimación artística es abrumadoramente masculino.

No se trata de que no las queramos, es que no la vemos. Es muy difícil que las mujeres creadoras estén presentes en el imaginario. Las mujeres en la cultura, las mujeres creadoras tienen un techo de cemento armado.

2INTÉRPRETE *golpea su casco.*

1INTÉRPRETE. Ellas son meros objetos decorativos, condenadas a la belleza, la juventud, al parto. Incapaces de alcanzar el camino del arte.

Madre-de, esposa-de, arpía, mujer fatal, sufridora o puta.

El 78% de las obras de teatro son escritas por hombres...El 75% de los espectáculos teatrales son dirigidos por hombres, más del 75% de los espectáculos programados son dirigidos por hombres...

¿Dónde están las directoras de escena y las dramaturgas?

2INTÉRPRETE *las busca debajo de la silla, debajo del micrófono.*

1INTÉRPRETE. ¿Dónde están las directoras de escena y las dramaturgas? Cuando se acuerdan de su existencia los programadores y los técnicos de cultura, es para los meses de noviembre y marzo. El resto del año viven enlodadas en los remanentes de la España negra.

1INTÉRPRETE *hace sonar el trompetín. Entra música al igual que al principio de la escena. "Porque empodera mucho coser botones..." De nuevo a través de una absurda coreografía* 1INTÉRPRETE *y* 2INTÉRPRETE *cambian su vestuario al mismo tiempo que la disponibilidad de las sillas y el micrófono. Al final de la música ambos están en el fondo del escenario.* 1INTÉRPRTE *viste una chaqueta gris,* 2INTÉRPRETE *una chaqueta amarilla mostaza. A la vez se quitan las narices negras. El sonido del motor de un frigorífico acompaña el movimiento a sus nuevas posiciones.*

IV. EL JUICIO

Cambio de luz. 2INTÉRPRETE sentada en una silla de cara al público. 1INTÉRPRETE de espaldas al público. La televisión se ha encendido y vemos el plano corto de 2INTÉRPRETE. El mismo plano e imagen pero de mayor tamaño también está proyectada sobre el telón de fondo. El sonido repetitivo y tedioso de una gota de agua cayendo de un grifo del fregadero acompañará toda la escena.

1INTÉRPRETE. *(A través del micro).* ¿Regresaba usted a casa después de una fiesta con sus amigas?

Silencio.

1INTÉRPRETE. *(A través del micro).* ¿Había consumido alcohol?

Silencio.

1INTÉRPRETE. *(A través del micro).* ¿Qué llevaba puesto cuando la violaron?

Silencio.

1INTÉRPRETE. *(A través del micro).* ¿Su pantalón era corto o ceñido?

Silencio.

1INTÉRPRETE. *(A través del micro).* ¿Recuerda la iluminación del sitio donde ocurrió el episodio?

Silencio.

1INTÉRPRETE. *(A través del micro).* ¿Está segura de eso?

Silencio.

1INTÉRPRETE. *(A través del micro).* ¿Dijo no en algún momento?

Silencio.

1INTÉRPRETE. *(A través del micro).* ¿Cómo la agarraba?

Silencio.

1INTÉRPRETE. *(A través del micro).* ¿Intentó escapar?

Silencio.

1INTÉRPRETE. *(A través del micro).* ¿Pidió ayuda?

Silencio.

1INTÉRPRETE. *(A través del micro).* ¿Cerró bien las piernas?

Silencio. Al tiempo de las gotas, el rostro de 2INTÉRPRETE proyectado en el telón de fondo se funde con otro rostro de mujer. Este nuevo rostro se funde con otro rostro de mujer y luego otro, y otro. Así durante el resto de la escena.

1INTÉRPRETE. *(A través del micro).* ¿Cerró toda la parte de los órganos femeninos?

Silencio.

1INTÉRPRETE. *(A través del micro).* ¿Qué hizo usted después de la presunta violación?

Silencio.

1INTÉRPRETE. (*A través del micro*). ¿Siguió con su vida normal?

Silencio.

1INTÉRPRETE. (*A través del micro*). ¿Siguió con su vida normal?

Silencio.

1INTÉRPRETE. (*A través del micro*). ¿Siguió con su vida normal?

Silencio. Los rostros siguen fundiéndose unos con otros. La tediosa gota de agua continúa sonando. 2INTÉRPRETE Y 1INTÉRPRETE salen de escena dejando al público con los rostros de esas mujeres.

NOTA: Las preguntas que se realizan en esta escena han sido formuladas por jueces, fiscales y abogados a mujeres víctimas de violación en diversos juicios en España.

V. EL BOLERO DE RAJOY

Todo está a oscuras. El televisor analógico en el suelo de la escena sin señal. El ruido o nieve que sale de él empapa sonoramente la escena. Este sonido fusiona con las voces de la entrevista que el periodista Carlos Alsina realizó en Onda Cero a Mariano Rajoy, entonces presidente del Gobierno, sobre discriminación salarial de las mujeres en España. La llamada brecha salarial.

VOZ OFF CARLOS ALSINA. ¿Vería usted con buenos ojos que las empresas que discriminan salarialmente a las mujeres, que desempeñando el mismo trabajo cobran menos, se les sancionaran? ¿Que se hiciera una iniciativa legal en esesentido?

VOZ OFF MARIANO RAJOY. No, no. Yo creo que los gobernantes debemos ser muy cautos a la hora de saber cuáles son nuestras competencias y cuáles no. Y desde luego no hay ninguna que sea igualar salarios. Que el Gobierno empiece a fijar el salario de las empresas...no, no me vería diciendo yo lo que tienen que cobrar ustedes, por ejemplo.Francamente.

VOZ OFF CARLOS ALSINA. ¿Ni siquiera diciendo que si una mujer y un hombre hacen lo mismo, deberían cobrar lo mismo?

VOZ OFF MARIANO RAJOY. Eh. No nos metamos en eso. Eh, no nos metamos en eso.

Comienza a sonar una música instrumental de bolero donde la frase "No nos metamos en eso" será la letra de dicho tema. Se abre la iluminación. Aparecen 1INTÉRPRETE y 2INTÉRPRETE desnudos. Caminan por la escena tranquilamente al ritmo del bolero mostrando naturalmente sus cuerpos.

VI. MANSPLAINING

Cambio de iluminación. En la pantalla del televisor analógico vemos barras de color indicando que no hay señal. 2INTÉRPRTE *con un vestido verde entra en escena colocando el micrófono. Vemos a* 1INTÉRPRETE *vestido con calzoncillos y calcetines blancos, también lleva unas gafas negras con una nariz añadida.*

2INTÉRPRETE. *(Al público)*. Buenas noches. *(Pausa)*. Voy a hablaros del mansplaining.

1INTÉRPRETE. *(Corrige su pronunciación en inglés)*. Mansplaining.

2INTÉRPRETE. Mansplaining.

1INTÉRPRETE. Mansplaining.

2INTÉRPRETE. Mansplaining.

1INTÉRPRETE. Mansplaining.

2INTÉRPRETE. Tengo el C1 en inglés.

1INTÉRPRETE. *(Toma el micro y se mete también la escena)*. Yo he estado una semana en Londres. Mansplaining.

2INTÉRPRETE. *(Pausa)*. Bien. *(Pausa)*. El mansplaining.

1INTÉRPRETE. Mansplaining.

2INTÉRPRETE. *(Respira sutilmente)*. Es una simple composición.

1INTÉRPRETE. *(Interrumpiendo)*. Un neologismo anglófono.

2INTÉRPRETE. De las palabras man y explaining.

1INTÉRPRETE. *(Corrige su pronunciación en inglés)*. Explaining.

2INTÉRPRETE. Explaining.

1INTÉRPRETE. *(Interrumpiendo)*. Explaining.

2INTÉRPRETE. *(Pausa)*. La traducción es man – hombre y explaining.

1INTÉRPRETE. *(Interrumpiendo)*. Explaining.

2INTÉRPRETE. Explaining.

1INTÉRPRETE. *(Interrumpiendo)*. Explaining.

2INTÉRPRETE. Explaining.

1INTÉRPRETE. *(Interrumpiendo)*. Explaining.

2INTÉRPRETE. *(Respira sutilmente)*. Explicando. Hombre - explicando. En español. Machoexplicación.

1INTÉRPRETE. No, no. No. La traducción es hombre. Hombre – explicando. Mansplaining.

2INTÉRPRETE. Así que el mansplaining.

1INTÉRPRETE. Mansplaining.

2INTÉRPRETE. Es también una violencia simbólica hacia las mujeres, una forma de machismo que consiste en...

1INTÉRPRETE. *(Interrumpiendo. Colocándose una camisa de vestir blanca)*. En todo vemos machismo. Todo es machista. Que si te explico algo para que aprendas. Machismo. ¿Sois un poco exageradas no?

2INTÉRPRETE. No.

1INTÉRPRETE. ¿No?

2INTÉRPRETE. No.

1INTÉRPRETE. ¿Ah no?

2INTÉRPRETE. No. Porque el mansplaining.

1INTÉRPRETE. Mansplaining.

2INTÉRPRETE. No se refiere a la situación en la que cualquier hombre explica cosas sólo porque tiene una experiencia mayor comprobada sobre el tema en cuestión.

1INTÉRPRETE. ¿Ah no?

2INTÉRPRETE. No. Como por ejemplo cuando un profesor explica algo a una alumna cuando está aprendiendo. Sino que consistebásicamente...

1INTÉRPRETE. *(Interrumpiendo).* Lo que queréis es que nos quedemos callados y no demos nuestra opinión y si la damos menospreciarnos por el hecho de ser hombres.

2INTÉRPRETE. No, no es eso.

1INTÉRPRETE. *(Interrumpiendo).* Pues entonces explícate. Porque no te explicas bonita.

2INTÉRPRETE. El mansplaining.

1INTÉRPRETE. *(Interrumpiendo).* Mansplaining.

2INTÉRPRETE. *(Intentando explicarse antes de que la interrumpa).* Consiste básicamente en que los hombres nos explican cosas de una forma condescendiente y paternalista porque dan por sentado que son habitualmente más cultos o más inteligentes que las mujeres. Incluso aunque seamos expertas en el tema encuestión.

1INTÉRPRETE. *(Va hacia* 2INTÉRPRETE *y la aparta del micro).* A ver Bea, concretamente el mansplaining es cuando los hombres explican cosas a las mujeres dando por hecho que son más cultos o inteligentes. Puedes continuar. *(Vuelve a su micro).*

2INTÉRPRETE. *(Respira).* El mansplaining.

1INTÉRPRETE. Mansplaining.

2INTÉRPRETE. También consiste en la interrupción constante cuando las mujeres hablamos...

1INTÉRPRETE. *(Interrumpiendo).* Es que hay que matizar determinadas cosas. El matiz es un rasgo poco perceptible que da a algo un carácter determinado. De-ter-mi-na-do.

2INTÉRPRETE. Como el machismo que a veces creemos que no está pero está.

1INTÉRPRETE. Ya hay mucho menos. Eh, cuidado que ya hay mucho menos machismo. Ma-chis-mo.

2INTÉRPRETE. Otras manifestaciones del mansplaining.

1INTÉRPRETE. *(Interrumpiendo)*. Mansplaining.

2INTÉRPRETE. *(Pausa. Respira)*. Es acaparar la conversación...

1INTÉRPRETE. *(Interrumpiendo)*. Acaparar, acaparar... bueno, bueno... Ahora resulta que dialogar es acaparar. Acaparar. Ya no podemos ni dialogar con las mujeres. Pues mira, querida, Un diálogo es una conversación entre dos o más personas que exponen sus ideas y comentarios de forma alternativa.

2INTÉRPRETE. *(Pausa. Respira)*. Otras formas de mans...

1INTÉRPRETE. *(Interrumpiendo)*. Dialogar también es una discusión sobre un asunto o sobre un problema con la intención de llegar a un acuerdo o de encontrar una solución.

2INTÉRPRETE. *(Pausa. Respira)*. Otras formas de mans...

1INTÉRPRETE. *(Interrumpiendo)*. Que las mujeres os ponéis muy sensibles con cualquier cosa. Ya no se puede ni hablar vamos. Acaparar.

2INTÉRPRETE. El mansplaining.

1INTÉRPRETE. *(Interrumpiendo)*. Mansplaining.

2INTÉRPRETE. Es una discriminación...

1INTÉRPRETE. *(Interrumpiendo)*. ¿Discriminación?

2INTÉRPRETE. Que impone a la mujer menor relevancia en las conversaciones y menor tiempo de exposición de los argumentos porque...

1INTÉRPRETE. *(Interrumpiendo. Mientras se coloca una corbata rosafucsia)*. ¿Discriminación? Por favor qué exagerada. ¿Discriminación? ¿Dis-cri-mi-na- ción? Ahora resulta que dialogar es discriminar. ¿Sabes lo que significa discriminación?

2INTÉRPRETE. Sí. Soy filóloga.

1INTÉRPRETE. Discriminación significa seleccionar excluyendo. *(Coge un pantalón de vestir rosa fucsia y se lo coloca)*.

2INTÉRPRETE. Claro que sí. Y la segunda acepción: dar trato desigual a una persona o colectividad por motivos raciales, religiosos, de sexo, de edad, políticos, de condición física o mental, etc. *(Al público para intentar zanjar)*. En definitiva el mansplaining.

1INTÉRPRETE. Mansplaining.

2INTÉRPRETE. Se trata de no escuchar, no validar las opiniones, explicar nuevamente lo que ya han dicho o interrumpir para mostrar superioridad intelectual.

1INTÉRPRETE. *(Interrumpiendo. Mientras se calza unos zapatos de vestir de color negro).* Respira que te vas a ahogar.

2INTÉRPRETE. *(Continuando para que no la interrumpa).* Este tipo de prácticas perpetúa las dinámicas de violencia de género en las que no se deja expresar libremente a las mujeres y finalmente se las silencia. El mansplaining.

1INTÉRPRETE. *(Interrumpiendo).* Mansplaining.

2INTÉRPRETE. ¡A tomar por culo! ¡No puedo más! *(Deja el micro en el pie de micro).* No puedo, no puedo. *(Se marcha a la zona de las sillas al lateral derecho).*

1INTÉRPRETE. ¿Te marchas? Ah. Dejas esto a medias. Me parece muy poco profesional por tu parte, querida. No hace falta que te pongas histérica. Estamos dialogando. Dia-lo-gan-do. Qué manera de perder los nervios. Qué susceptibilidad, por favor. *(Colocándose una chaqueta de vestir de color rosa fucsia).* Eso es que estás en unos de esos días. *(Al público).* Mira, un dato importante que seguro que muchas mujeres no sabéis, es que el ciclo menstrual se cuenta eh, el ciclo menstrual eh, se cuenta desde el primer día de un período hasta el primer día del siguiente y el flujo menstrual puede ocurrir cada 21 a 35 días y durar de 2 a 7 días. El flujo menstrual. ¿A qué no lo sabíais? *(A 2INTÉRPRETE).* Pues eso es que tú estás en unos de esos días guapa. *(Dirigiéndose a la cabina técnica).* Oye rubia. Tú, sí, tú. Salgo, me metes la música y vuelvo a entrar. ¿Sabrás hacerlo? *(Sale).*

VII. MARKETING DE GÉNERO.

Entra música con reminiscencia infantil. La pantalla de la televisión se pone rosa. Aparece 1INTÉRTPRETE *con su traje de chaqueta rosa fucsia y una bolsa del mismo color en su mano. Su energía es*

propia de un presentador de "show" de televisión. Mueve su cuerpo
con ridículos pasos de baile mientras saca montones de confeti de la
bolsa y los lanza alaire.

1INTÉRPRETE. *(A través del micro. Al público).* Buenas noches y
bienvenidos a... ¡Marketing de género!

(Baila ridículamente mientras lanza más confeti).

La publicidad se ha convertido en una religión, que nos dice
cómo debemos conducirnos y va a los anhelos más profundos
del ser humano. La publicidad no llega a la razón, no exige crítica, es pura emoción.

(Baila ridículamente mientras lanza más confeti).

A los niños varones les presentamos una oferta que abre un
amplio abanico de posibilidades con actividades que estimulan
la creación, el intelecto y los animan a la acción, se meten en el
papel de grandes científicos, construyen imponentes edificios o
conducen coches y motos.

(Baila ridículamente mientras lanza más confeti).

A las niñas las presentamos desenvolviéndose alegres dentro
de su nueva cocina, cuidando de una muñeca, empujando su
carrito o maquillándose con una paleta de pinturas rosas.

(Saca serpentinas rosas de sus bolsillos y las lanza).

De este modo, nos aseguramos de seguir construyendo que
para las futuras generaciones la principal preocupación femenina sea ser deseable y seductora. Quedarse dentro del hogar y
responsabilizarse de los cuidados.

(Baila ridículamente mientras infla un globo de color rosa).

Y así, mantenemos a las niñas en escenarios que promueven la cultura de que las mujeres ganen menos que los hombres, y que muchos hombres, se consideren superiores a las mujeres con las que se relacionan. ¡Cómo debe ser, claro quésí!

Entra en escena 2INTÉRPRETE *vestida con unas braguitas rosas, un sujetador, unos tacones rojos, una bolsa de compra en la cabeza que cubre también su cara y dos globos rosas inflados en cada mano. Sus posiciones y movimientos nos recuerdan a un maniquí mezcla niña – mujer.*

1INTÉRPRETE. Y lo conseguimos porque situamos a las niñas en espacios absolutamente ¡desempoderados!

Dos globos que porta 2INTÉRPRETE *salen despedidos por el espacio.* 1INTÉRPRETE *baila ridículamente.*

1INTÉRPRETE. Criaturas dulces. Sin determinación. Nenas sobre fondos rosa y colores pastel. Con voces en off suaves y muy infantilizadas. Con músicas de las mismas características e iconografías de corazones, arcoíris y purpurinas.

Y así, continuamos estereotipando la feminidad desde la infancia impidiendo dar un paso adelante en la igualdad. Jajajaja la igualdad. Jajaja Laigualdad.

(Da unos pasos de baile ridículos mientras ríe).

Y no puede ser menos en la publicidad dirigida a los consumidores adultos. *(Hace un gesto con su mano y* 2INTERPRETE *se coloca en el suelo a cuatro patas).* Así que para que el machismo y el sexismo sigan triunfando en nuestra sociedad los anuncios publicitarios deben al menos poseer una de estas diez reglas.

Saca unas tarjetas rosas del bolsillo de su chaqueta. 2INTÉRPRE-TE *irá poniendo varias posturas que nos recuerdan a anuncios dónde se han hecho apología de violación.*

1. Que promueva modelos tradicionales para cada uno de los géneros.

Lanza la tarjeta al aire.

2. Que fije unos estándares de belleza femenina considerados como sinónimo de éxito.

Lanza la tarjeta al aire.

3. Que ejerza presión sobre el cuerpo femenino.

Lanza la tarjeta al aire.

4. Que presente el cuerpo de las mujeres como un espacio de imperfecciones que hay que corregir.

Lanza la tarjeta al aire.

5. Que sitúe a los personajes femeninos en una posición de inferioridad y dependencia.

Lanza la tarjeta al aire.

6. Que excluya a las mujeres de las decisiones económicas de mayor relevancia.

Lanza la tarjeta al aire.

7. Que aleje a las mujeres de los espacios profesionales y les asigne los roles de limpieza, cuidados y alimentaciónfamiliar.

Lanza la tarjeta al aire.

8. Que niegue los deseos y voluntades de lasmujeres.

Lanza la tarjeta al aire.

9. Que represente al cuerpo femenino comoobjeto.

Lanza la tarjeta al aire.

10. Que muestre a las mujeres como incapaces de controlar sus emociones y sus reacciones, "justificando" así las prácticas violentas que se ejercen sobreellas.

Lanza la tarjeta al aire.

¡Arriba el machismo!

Lanza un cañón de confeti. 2INTÉRPRETE *se levanta rápidamente del suelo. Se quita la bolsa de la cabeza y se la coloca a* 1INTÉRPRE-

TE *en la suya. Ella está muy enfadada e indignada. Mira a la cabina técnica y hace un gesto para que corte la música. La música se detiene. Se quita bruscamente los tacones y los tira. Coge el micro y reprocha a través de frases de algunas canciones a* 1INTÉRPRETE *lo que acaba de decir.* 1INTÉRPRETE *cegado con la bolsa en la cabeza intenta salir de escena.*

2INTÉRPRETE. *(Mientras se coloca unos vaqueros y una camiseta. Muy enfadada a través del micro a 1INTÉRPRETE).* "This is a man's world". "This is a man's world". *(James Brown)* "It's not fair, to deny me. Of the cross I bear that you gave to me" *(Alanis Morissette)* "And you can take it take another little piece of my heart now, baby just break it, break another little bit of my heart, now darling yeah take, take another little piece of my heart now, baby You know you got it" *(Janis Joplin)* "And we're rolling, rolling rolling on the river. We're rolling, we're rolling, we're rolling on the river" *(Tina Turner)* "What you want? Baby, I got what you need? Do you know I got it? All I'm askin' Is for a little respect" *(Aretha Franklin)*

1INTÉRPRETE *consigue salir de escena. Se quita la bolsa de la cabeza. Está en el lado derecho en la zona de las sillas. Se va quitando poco a poco el traje de chaqueta. Ella respira. Se calma. Mira al público y va despacio hacia la televisión. Se sienta en ella y deja el micrófono en el suelo.*

VIII. RENAULT CLIO

2INTÉRPRETE *sentada en la televisión. Al público.*

2INTÉRPRETE. *(Tranquila. Sin afectación).* Un jueves a las once de la noche volvía de trabajar. Aparqué mi coche, un Renault Clio blanco de tres puertas. La calle estaba iluminada y gente pasaba por las aceras de ambos lados. Bajé del coche y abrí la puerta del copiloto para coger unas carpetas. De repente, un fuerte empujón mete mi cuerpo dentro del coche y mi cabeza golpea el cristal de la puerta del conductor. Un peso encima de mí. Gira mi cuerpo, ahora boca a arriba. Una mano aprieta mi garganta, con la otra golpea mi cara una, dos, tres veces... con mucha fuerza intenta bajarme los vaqueros con la mano que me ha golpeado, la otra sigue apretando mi garganta. Veo borroso, estoy confundida, todo es muy rápido. Voy a morir,pienso.

(Pausa).

Por la ventanilla trasera del coche veo a dos camareros fumando un cigarro en la puerta de un bar próximo que hace esquina, contemplan como si de una escena de cine se tratara, así sin más, solo fuman y miran. Mi cuerpo se resiste y otra vez golpea mi cara. Voy a morir, pienso. Automáticamente mis brazos hacen palanca y consigo que suelte mi cuello, digo automáticamente porque es una reacción de mi cuerpo, no lo pienso, no puedo pensar más allá de que voy a morir y ser violada. No sé en qué orden. Un arranque de locura se apodera de mí y empiezo a golpearle con todas mis fuerzas, con toda mi rabia, grito y lo golpeo con mis piernas, con mis puños, con mi cuerpo...Clavo mis dedos en sus ojos. Podía haberme quedado inmóvil porque ante algo así no hay una única forma de reaccionar y lo que hagas es mecánico, ya sea la quietud o percutir. No sé cómo, la verdad no lo sé...Consigo sacarlo del coche por la misma puerta por la que me había empujado. (IINTÉRPRETE *se acerca al micrófono que está conectado a la pedalera. Toma el micro y lo golpea contra su pecho. Grabando como al principio los latidos de un corazón. Loop corazón*). Fuera del coche continúan los golpes por parte de los dos, él intenta de nuevo meterme dentro. A lo lejos escucho una sirena de policía, solo tengo que resistir un poco más. El forcejeo continúa, la sirena se acerca. Entonces él la escucha y sale corriendo. Yo estoy agotada, creo que voy a desmayarme cuando el coche patrulla llega. Una vecina que fumaba un cigarro en su balcón, vio cómo me empujó dentro del coche, ella llamó a la policía. Un segundo coche llega y tras decirles como es y cómo va vestido se apresuran a encontrarlo. No lo hacen, de hecho tan solo minutos más tarde, a dos manzanas de allí, coge a una chica y laviola.

(Pausa).

Además de la chica del balcón, la que había llamado, les digo que dos camareros del bar de la esquina han presenciado el ataque. La policía va a hablar con ellos. Les pregunta por qué no han llamado al 112 y ellos respondieron: "Porque creímos que era su pareja"

NOTA: Este monólogo está basado en hechos en reales.

IX. LEY INTEGRAL CONTRA LA VIOLENCIA DEGÉNERO.

Ambos INTÉRPERETES *con micrófonos en mano se mueven con reminiscentes aires a bailes regionales.*

1INTÉRPRETE. Hasta 1989 en España estaba considerado un delito de faltas o de lesiones que un marido o exmarido agrediera físicamente a su mujer o exmujer.
2INTÉRPRETE. En los últimos años de la década de los 90 diferentes asociaciones de mujeres y asociaciones feministas plantearon la necesidad de que hubiera una ley específica contra este tipo de violencia. Estábamos ante un problema de Estado que necesitaba ser combatido con políticas específicas desde todos los ámbitos. El 17 de diciembre de 1997, un asesinato atroz cambió la visión de la sociedad en cuanto a la violencia degénero.

1INTÉRPRETE. Ana Orantes, mujer andaluza de 60 años, fue quemada viva por su exmarido, sólo 13 días después de contar en un canal de televisión el maltrato del que había sido víctima durante 40 años.

2INTÉRPRETE. Durante cuatro décadas, intentó escapar de su situación muchas veces: acudió a la policía, intentó divorciarse. Ana Orantes había denunciado las agresiones de su marido hasta en 15 ocasiones.

1INTÉRPRETE. Pero no existían leyes que la ayudaran. El divorcio se había legalizado en España apenas en 1981 y, cuando Orantes intentó abandonar a su esposo, él convenció al juez de que le negara la solicitud de divorcio.

2INTÉRPRETE. Incluso luego de que su divorcio fuera concedido por fin en 1996, tuvo que seguir compartiendo la viviendo con su maltratador por recomendación de un juez de paz.

1INTÉRPRETE. Ana Orantes tuvo que ser asesinada en el patio de su casa para que cambiase la percepción social de la violencia machista.

2INTÉRPRETE. En 1999 y gracias a la lucha de las asociaciones de mujeres y feministas, se reformó el Código Penal estableciendo órdenes de alejamiento y teniendo en cuenta la violenciapsicológica.

1INTÉRPRETE. Es en 1999 cuando Ángela González huyó de la casa familiar con su hija Andrea, que entonces tenía 3 años, denunció el maltrato que sufrían y solicitó la separación del agresor. El maltrato continuó después del divorcio, a través de su hija Andrea. A pesar de las 51 denuncias interpuestas por Ángela, los estereotipos de género que persisten en el sistema de justicia impidieron que se protegiera a ella y a su hija, que fue asesinada el 23 de abril de 2003 por el agresor, su padre, de dos disparos en la cabeza, durante un régimen de visitas no supervisado. Tenía sólo 7 años

2INTÉRPRETE. Es a partir del año 2003 cuando el gobierno contabiliza las mujeres asesinadas por sus parejas o exparejas. 71 mujeres fueron aquel año.

1INTÉRPRETE. El 31 de marzo de 2004 Encarnación Rubio fue brutalmente asesinada por su marido, el cual tenía una orden de alejamiento. No podía acercarse durante cuatro meses a menos de 100 metros de su casa o de su lugar de trabajo. Él la embistió con su coche, fue lanzada al aire y se golpeó contra un muro antes de caer al suelo. Al comprobar que Encarnación Rubio trataba de levantarse, volvió a atropellarla por la espalda, marcha adelante y marcha atrás, tres veces hasta que se cercioró de haberle causado la muerte. Encarnación Rubio fue la primera mujer asesinada en España con orden de protección.

2INTÉRPRETE. El 28 de diciembre de 2004, siete años después del asesinato de Ana Orantes, se aprobó la Ley Integral contra la Violencia de Género y en 2007 la Ley para la Igualdad Efectiva entre Hombres y Mujeres.

1INTÉRPRETE. Es en agosto de 2015 cuando entra en vigor la nueva ley de Protección de los Menores y la Infancia, que reconoce como víctimas directas a los hijos e hijas de las mujeres afectadas por la violencia de género. En diciembre de 2017 los distintos Grupos Parlamentarios, las Comunidades Autónomas y las Entidades Locales representadas en la Federación Española de Municipios y Provincias, ratificaron el Pacto de Estado contra la Violencia de Género.

2INTÉRPRETE. Este Pacto de Estado supone la unión de un gran número de instituciones, organizaciones y personas expertas en la formulación de medidas para la erradicación de la violencia sobre las mujeres. El Pacto implica incidir en todos los ámbitos de la sociedad.

1INTÉRPRETE. Desde el 1 de enero de 2003 hasta el día de hoy, *(18 de julio de 2022)*. 1.154 mujeres han sido asesinadas en España por violencia de género. *(Este dato siempre se dará conn fecha actualizada).*

2INTÉRPRETE. Desde el año 2013 hasta el día de hoy, (*18 de julio de 2022)*. 47 menores han sido asesinados en casos de violencia de género contra su madre. Lo que se conoce como violencia vicaria. *(Este dato siempre se dará con fecha actualizada).*

1INTÉRPRETE. Una forma más de violencia machista cuya finalidad principal es la de causar el máximo daño posible a la mujer, provocando su muerte en vida, por lo que las víctimas suelen ser los hijos o las personas que más ama.

2INTÉRPRETE. El caso de Ana Orantes fue un antes y un después en la percepción social de la violencia de género e hizo que se comenzase a legislar y que lo que entonces era un problema personal, pasase a ser un problema público y político.

Se detienen. Respiran. Se miran. Intercambian sus micrófonos.

1INTÉRPRETE va a la zona del lado izquierdo. 2INTÉRPRETE se queda en escena. El corazón continúa sonando. 2INTÉRPRETE emite un "quejío", luego otro y otro. Va construyendo progresivamente un canto a varias voces, solo con la suya, que se graba en la pedalera. Este canto suena a blues, a rock, a fuerza. Este canto en forma de rueda sigue sonando unido al corazón mientras ella saca el micrófono y la pedalera de escena para luego sentarse de espaldas en el televisor.

EPÍLOGO.

En el televisor vemos una manifestación multitudinaria de mujeres al grito de "Yo si te creo" 1INTÉRPRETE entra en escena con un megáfono. 2INTÉRPRETE se levanta, coge el megáfono. 1INTÉRPRETE coge a 2INTÉRPRETE formando con sus cuerpos una cruz. Suena "Mi madrugá" de la banda Tres caídas de Triana, que se fusiona con los gritos multitudinarios de "Yo si te creo". La manifestación que sale por el televisor también la vemos proyectada en el telón de fondo.

2INTÉRPRETE. *(A través del megáfono).* Yo soy Ofelia.
La que el río no guardó.

La mujer con la soga al cuello.
La mujer con las venas rotas.
La mujer con la cabeza en el horno.
Ayer dejé de matarme.

1INTÉRPRETE y 2INTÉRPRETE corren de la mano por la escena.

Ayer dejé de matarme.
Ayer dejé de matarme.

1INTÉRPRETE coge en hombros a 2INTÉRPRETE, caminan lentamente recorriendo la escena.

Yo estoy sola con mis pechos, mis muslos, mi regazo.
Rompo las herramientas de mi cárcel, la silla, la mesa, la cama.
Destruyo el campo de batalla que era mi hogar.
Arranco las puertas de cuajo para que entre el viento y el grito del mundo.
Destrozo las ventanas.
Prendo fuego a mi cárcel. Y tiro mi ropa al fuego.
Desentierro de mi pecho el reloj que fue mi corazón.
Yo soy Ofelia y desentierro de mi pecho el reloj que fue mi corazón.

Oscuro. Todo se apaga excepto el televisor que queda unos segundos sin señal con ruido.

Oscuro.

Fin.

ÍNDICE

NC-T-4